ALBERTO MEMBREÑO

NOMBRES GEOGRÁFICOS INDÍGENAS DE HONDURAS

ERANDIQUE
COLECCIÓN

NOMBRES GEOGRÁFICOS INDÍGENAS DE HONDURAS
ALBERTO MEMBREÑO
(Primera edición: 1901)

©Colección Erandique
Supervisión Editorial: Óscar Flores López
Diseño de portada: Andrea Rodríguez-Lilyana Gálvez
Administración: Tesla Rodas y Jessica Cordero
Director Ejecutivo: José Azcona Bocock

Segunda Edición de Colección Erandique
Tegucigalpa, Honduras—mayo de 2024

PREFACIO DEL EDITOR

He aquí un interesante volumen, publicado por el distinguido ciudadano don Alberto Membreño en el año 1901. Este libro recoge los origenes y raices indigenas de diferentes nombres geograficos en la Republica de Honduras. Coincide con un renacer del interés por identificarnos con la parte indígena de nuestro pasado, identidad que había sido marginada durante el periodo colonial e inicios del republicano.

El enorme trabajo de recopilación realizado por el autor tiene un valor adicional para los interesados en la etimología, ya que fue levantado hace mas de un siglo.

Las lenguas indígenas (sin contaminación del español) se encontraban más cerca en el tiempo y su conocimiento se había olvidado menos, por lo cual se tenía acceso a información ya perdida.

Por tanto, este trabajo es muy importante para el mantenimiento y reconstruccion de una identidad que ha sido marginada a lo largo del tiempo.

Es nuestro orgullo ser herederos y parte de una historia milenaria enraizada en esta tierra con su propia memoria.

Con un gran placer comparto esta obra con ustedes, con la esperanza de seguir construyendo una identidad nacional incluyente y educada.

José S. Azcona B.
Director Ejecutivo de Colección Erandique

PRÓLOGO

No obstante que, en la antigua Universidad de Honduras, donde hice mis estudios hasta obtener el diploma de abogado, no se enseñaba de filología ni siquiera nociones, desde niño llamaron mi atención los nombres geográficos de mi patria, y creí siempre que algo deberían significar. Esta curiosidad fue en aumento todos los años, hasta convertirse en deseo vehemente de satisfacerla, en el hombre ya formado.

Sin preparación suficiente, pues, y solo con la confianza de que por medio del estudio metódico puede cualquier persona adquirir los conocimientos que desea, comencé desde hace algún tiempo a acumular libros sobre los idiomas indígenas de México, en la esperanza de que el trabajo diario y perpetuo a que tiene uno que dedicarse en estos países pobres para proporcionarse la subsistencia, me presentaría ocasión de convertir en realidad los ensueños que desde la niñez venía acariciando. Con mucho costo llegaron a mis manos las obras de Pimentel, Peñafiel, Rémi Simeón, del Rincón, Rovirosa, Martínez Gracida, Robelo y Buelna, las que he logrado al fin estudiar antes de emprender este trabajo.

Ya con algunas nociones sobre el azteca, y confirmada mi opinión de que en efecto todo nombre indio de lugar algo significa, reuní muchos de los de Honduras para traducirlos. Como creía que los nombres *nahoas* serían pocos, y que los más pertenecerían a los dialectos de Honduras, hice formar los vocabularios de ellos, que publiqué en los *Hondureñismos*, como apéndice. Acopiados estos datos, di principio a mis estudios de aplicación; pero mi desconsuelo fue grande al ver que de los mil y tantos nombres geográficos indígenas apenas pude descifrar unos veinte.

La creencia de haber sido infructuoso mi trabajo de más de un año, no me hizo desmayar en el que con tanto ahínco había emprendido. Saqué copias de todos los nombres geográficos de los departamentos donde hay pueblos de indios, y las mandé a personas entendidas, con algunas explicaciones sobre el modo de formar palabras compuestas en azteca, a fin de que, llamando indios viejos, pudieran con ellos traducir algunos. Las copias volvieron a mi poder sin haber obtenido ningún resultado favorable.

Este hecho fue para mi de mucha significación. ¡Los indios que aún existen en Honduras y que hablan las lenguas de sus antecesores, por más explicaciones que se les daban, no podían traducir ni los nombres de sus propios pueblos! Ya esto era mucho. Ya tenía para mis investigaciones casi averiguado que los dialectos actuales, con muy poco, o tal vez con nada, habían contribuido a la formación de los nombres geográficos. Y entonces estos ¿a qué lengua pertenecían? Grima me daba tener que traducir nombres como *La Canguacola* (una montaña del departamento de Gracias), *Lacutú* (puerto menor del departamento de Valle, en la Bahía de Fonseca), *Duyusupo* (una aldea quebrada de San Marcos, en el departamento de El Paraíso) y otros. Pero cerca de estos lugares, de nombres tan feos y de significación ignorada, había otros parajes cuyos nombres presentaban sin mayor esfuerzo su genealogía *nahoa*.

Con este antecedente, después de estudiar a *Cuba Primitiva*, del señor Bachiller y Morales, y otra obra sobre nombres geográficos de Venezuela, de don Arístides Rojas, las que muy poco me han servido, y de fijarme en los tantos nombres aztecas que hay en Nicaragua, El Salvador y Guatemala, llegué a la conclusión de que, estando Honduras en medio de los países que acabo de citar, no era posible que aquí no hubiera estado poblado por mexicanos y, por consiguiente, que estos debieron haber dado nombre a los lugares que habitaron.

Esto lo comprobé también con el hecho de afirmar Cortés en la relación del viaje que hizo a las Hibueras, que en Papayica, Chapagua y otros pueblos del departamento que hoy es de Colón, se hablaba mexicano; lo mismo que con el de constar en muchos expedientes antiguos de medidas de tierras que hay en el Archivo Nacional, que para entenderse los medidores con los pueblos de indios tenían que servirse de *naguatlatos*.

Convencido, pues, de que, en Honduras, cuando la conquista, y aun algún tiempo después, se hablaba el *náhuatl* o algún dialecto de él, no tuve ya que esperar colaboración de los indios que habitan actualmente el territorio hondureño; porque las palabras de los dialectos de Guajiquiro y Similatón, de los sumos, payas, jicaques y chortis, no se parecen a los aztecas. Mi horizonte se estrechó; pero, en cambio, la base de mis futuras investigaciones me era perfectamente conocida.

Para principiar en debía forma mi trabajo, comencé por recoger todos los nombres geográficos indígenas de Honduras que están citados en los *repartimientos* que hizo don Pedro de Alvarado de las ciudades de Gracias a Dios y San Pedro Sula en el año de 1536; los que como de Honduras trae la *Geografía y Descripción de las Indias*, escrita por Juan López de Velasco, y que comprende los años de 1571 a 1574; los que tiene la *Nómina de los Pueblos de la Provincia de Comayagua*, relacionados con motivo del cobro de las penas de Cámara, años de 1684 a 1685; los del *Censo* levantado por fray Fernando de Cardiñanos, obispo de Comayagua, el año de 1791; los del *Censo* levantado en 1801 por el gobernador intendente y comandante general don Ramón de Anguiano; los del *Índice Alfabético y Cronológico* de los títulos, escrituras de amparo y demás documentos relativos a los terrenos de la República de Honduras, formado por el licenciado don Antonio R. Vallejo, primer bibliotecario y archivero nacional; los de los *Censos* levantados en los años de 1881 y 1887 por los directores generales de estadística don Francisco Cruzo y don Antonio R. Vallejo; los de la *División Político-Territorial*, formada por la Dirección General de Estadística, a cargo de don Eduardo Guillén A., año de 1896; y los muchos que he obtenido del archivero nacional don Gonzalo Guardiola y de algunos particulares.

El estudio tuvo que caminar lentamente el primer año. Ninguna ley podía descubrir que presidiera las transformaciones sufridas por las palabras *nahoas* al ser pronunciadas por los indios de Honduras, que no las entienden, o por los que hablamos español. Tomemos, por ejemplo, el *Xiloxochitl* (Inga Pulcherrima), que nosotros pronunciamos *quilinchuche*; aquí se ve que la sílaba *xi* se ha hecho tan fuerte que ha pasado a ser *qui* (una cosa análoga sucede en español con aniquilar, que viene del latín *annihilare*); la sílaba *lo*, no solo se ha convertido en *li*, sino que después de esta hay una *n*, *lin*; la *xo* es *chu*, conservando la *x* algo del sonido que le daban los indios, de *sh* inglesa o de *ch* francesa; y la *xitl* quedó en *che*, perdiéndose las dos últimas letras y cambiándose la *i* en *e*. Alguien hubiera creído, en vista del análisis de esta palabra, que las transformaciones, adiciones y supresiones de letras a que me he referido, son constantes al castellanizarse un término *nahoa*; pero nada más erróneo, como lo comprobare a continuación. Nuestra *jícara*, con perdón de la Academia, no viene del árabe *cicaya*, sino del mexicano *xicalli*, y aquí no suena la *xi* como *qui*. *Xilotl*, palabra mexicana con que se designa la mazorca de maíz sin cuajar los granos, se pronuncia y se escribe *jilote*, habiéndose permutado la silaba *xi* en *ji*, y la *lo* permaneció invariable. En *Suchistabaca,* nombre de un pueblo de los repartidos por don Pedro de Alvarado, y cuya forma mexicana es *Xochixtlahuacan*, ya la sílaba *Xo* de *Xóchitl,* suena como *su*; lo que sucede también en *Suchitepeque (Xochitepec)*. Y para que se vea hasta dónde puede llegar el cambio de letras aun en un mismo vocablo, hay una planta que en Choluteca le dicen *ojuche (oxochitl)* y en Olancho *ojuste*; y el *Xiloxochitl* de que tratamos, convertido en el interior en *quilinchuche*, en un título de tierras de Nacaome está escrito *chilinchuchite*.

Ni aun las reglas que rigen la formación de los compuestos aztecas, y que con claridad explican los señores Peñafiel y Robelo, se ha observado en los de Honduras. Véase sino lo que ocurre en la palabra *Duyusupo*. Este término es puramente mexicano; pero en la forma en que se presenta desde el año de 1630, que fue cuando se midió el sitio de este nombre a favor de Francisco Prieto de la Canal, dudo mucho que lo reconociera a primera vista de los que, en México, donde está casi puro el *Náhuatl*, han traducido nombres geográficos. Tratemos de analizarlo. La *d* de *Du*, no siendo letra del abecedario mexicano, debemos sustituirla por alguna afín, que pertenezca a este idioma: tomaríamos la *l*, pero sin resultado alguno para nuestro propósito.

Este fue mi primer procedimiento, mas tuve que abandonarlo. Observando cómo hablan algunas personas del pueblo, pude saber cuál fue la letra sustituida por la D: fue la *y*. Qué analogía haya entre el sonido de otra letra, no lo sé; pero en años anteriores tuvimos de cura en Tegucigalpa al señor presbítero don Yanuario Jirón, de grato recuerdo por sus virtudes públicas y privadas, y porque fue rector de la universidad, y algunas personas, iletradas se entiende, le decían el *padre Danuario*. La sílaba *yu* viene de la mexicana *llo*, en que las dos *eles* deben sonar como una sola, y no como *ll* española. La *su* es *xo*, de *Xóchitl*, flor; y de esta última palabra *nahoa* no se han perdido únicamente las letras *ll* al entrar en composición, sino todo el *chitl*. De la posposición *apan*, en el agua, apenas se ve *po*: parece que aquella, en los departamentos de Valle, Choluteca y parte de El Paraíso, se ha convertido en *opo*; y así, al unirse a *Yuyuso*, se confundieron las dos *oes*, para dar existencia a *Yuyusopo, Yuyusupo* y por último *Duyusupo*. Se tiene entonces que *Duyusupo* es igual a *Yolloxochiapan*.

A las dificultades expuestas se agregaban otras de no pequeña entidad, y que solo pude obviarlas a fuerza de la paciente labor a que me había contraído. Siempre que pasaba la vista por la copa de los nombres geográficos y llegaba a *La Canguacota*, antes de traducir esta palabra me daban impulsos de abandonar el trabajo; pero esto era contra mi carácter y, de haberlo hecho, me hubiera avergonzado ante mi mismo. ¡Bien hubiera quedado con perder mi trabajo de tanto año porque la montaña de Gracias (*La Canguacota*) se me había puesto en el camino, y como muro infranqueable me impedía pasar adelante! No, lector, *La Canguacota*, y quien no era ella, tenían que venir a darme cuenta de lo que significan sus nombres, al ser, como lo eran, formalmente interrogadas. Una de tantas veces, no recuerdo si al año o dos de estar diariamente dirigiendo preguntas a la montaña, tuvo a bien decirme quién era y que los españoles la habían desfigurado su nombre.

Este era *Acahuacán*, que significa en mexicano *lugar que tiene carrizos*, y que se compone de *acatl*, caña hueca, carrizo y *huacan*, partícula posesiva e indicativa de lugar; pero que los españoles, que todo lo señorearon, al verla tan grande, comenzaron por llamarla *Acaguacota*, que con el artículo con que siempre pronunciaban el nombre, quedó *Lacaguacota;* y por último, así como le ponen una *n* a *Cinecio* y lo convierten en *Cinencio*, lo mismo hicieron con ella, hasta aparecer hoy en la imponente forma de *La Canguacota*. Agregóme más: que lo que a ella le había pasado ha sucedido a otros sus hermanos, esto es, ponerles una *n*, o bien, *l, r* o *s*, al fin de la primera, segunda o tercera sílaba, citándome, entre otros nombres, que no recuerdo por el momento: *La Caguasca* (*La Acaguacán*), una montaña que sirve de línea divisoria con Nicaragua: *Quilaperque*

(*Quilapac*), un terreno del departamento de La Paz; y *Gualjipa* (*Uaxipán*), una aldea de La Unión, en el departamento de Copán.

Hasta los amanuenses, tanto antiguos como modernos, han contribuido a adulterar los nombres indios; y estos errores se han comunicado a lo hablado y aun a lo impreso: una *l* pequeña ha quedado en *c*, así de *ximilili*, una gramínea, a veces les sale *ximicili*; de una *t* sin rayita hacen una *l*: *Cicatacare* se le dice a un lugar de Ojojona, que fue *Cicalacare*: en uno de los cencos de Honduras está escrito *Jenanubla*, en lugar de *Tenambla*; la falta de las cedillas de la *c*, cuando la palabra no es conocida, da lugar a equivocaciones: *Sulaco*, un pueblo de Yoro, está escrito en la Geografía de Velasco *Culaco*, debiendo ser *Çulaco*, por derivarse de *çolin* o *çulin*, paloma, en mexicano.

Al lado de estas y otras transformaciones que encontraba en las palabras aztecas, venían todos los vocablos terminados en *guara*, *terique, li, ili, ire, quile, quire* y en otras tantas de que hablaré al tratar de los sufijos; aunque pronto averigüé lo que significaban estas terminaciones, tenía duda acerca de si ellas estarían unidas a palabras de los dialectos a que pertenecen y que algunos están extinguidos, o si podrían también afijarse a las mexicanas. Lo último resultó comprobado en un número considerable de palabras.

El señor Peñafiel tuvo en su ímprobo trabajo el auxiliar poderoso de los jeroglíficos aztecas; yo nada he encontrado en Honduras, salvo una que otra tradición. El reconocimiento de los lugares, para ver si concuerdan con el significado de los nombres, se ha hecho, en parte, bien por mí, ya por otras personas recomendadas para ello. Pero en muchos nombres esta luz ha faltado. En los gentilicios, como *Cuzcateca*, una aldea de Danlí — ¿de qué me sirve saber que está en un valle? — En *Mamisaca*, una aldea de Juticalpa, que significa *en el agua de los mamastes*, nada me es posible comprobar respecto al primer elemento, porque no ha llegado a mi noticia que en Honduras conozcan la planta medicinal llamada *mamaztli*. *Sula*, cuya ortografía fue *Çulla*, significa *abundancia de palomas*; y nunca podré comprobar que en el valle de aquel nombre, en que está San Pedro, capital de Cortés, haya más palomas que en otra parte, lo que tal vez llamaría la atención de los indios para que lo bautizaran con el nombre dicho; y cuando una tribu, por cualquier causa, haya abandonado la población que ocupaba, para ir a fundar otra en lugar diferente, y puéstole a la segunda el mismo nombre de la primera por recuerdo a ella, ¿Cómo va a coincidir el nombre con la cosa significada?

Con estas dificultades, y otras sin cuento, he tenido que luchar para dar cima a mi trabajo. No he traducido todos los nombres geográficos de Honduras, pues todavía se han quedado algunos, principalmente de los pueblos repartidos por don Pedro de Alvarado; porque no existiendo la mayor parte de aquellas poblaciones, no me pareció que tendría mucho interés su traducción, más con lo que costaría descifrarlos, ya que está la palabra tan estropeada en su ortografía, que dudo que se pudieran averiguar todos sus elementos. Véase sino en el texto la palabra *Tongalex*. En cambio, he creído que para la Historia Antigua de la América Central sería más provechoso traducir los nombres geográficos aztecas de Guatemala y Nicaragua que están en el Anuario de la Dirección General de Estadística de la República de Guatemala, 1898, y en la *Geografía de Nicaragua*, de don Maximiliano V. Sonesteru, publicada en 1874. No he hecho lo mismo con los de El Salvador, porque este trabajo corresponde de derecho al ilustrado señor don Santiago I. Barberena, quien comenzó a publicar sus estudios en el 4 Almanaque de la Tipografía Católica para 1897.

No creo, ni entra en el orden de la posibilidad, que sea buena la traducción de todos los nombres geográficos que constan en este librito; pero las raíces aztecas de ellos están a la vista, y esto basta para mi intento. La juventud estudiosa de Honduras, mejor preparada que yo, completará o rehará esta obra; y, llegado este caso, solo le recomiendo de que yo he emprendido lo que ni siquiera había intentado ninguno de mis conciudadanos, y que he puesto todos los medios a mi alcance para que mi estudio fuera digno del pueblo hondureño, a quien lo dedico.

Antes de concluir, quiero llamar la atención del lector sobre los hechos siguientes: Puede asegurarse por punto general — 1°. Que en todo el territorio de la República, aun en medio de los pueblos que conservan su dialecto, hay nombres geográficos *nahoas*; y 2°. Que los que aparecen con terminaciones de estos dialectos, como los que acaban en *terique*, *guara*, *ire*, *li* y otros, tienen como primer elemento una palabra *nahoa*. Esto nos lleva a la conclusión de que los *nahuas*

13

dominaron en todo Honduras y por mucho tiempo. Este largo tiempo se comprueba con solo una observación. Los españoles tuvieron estas tierras bajo su domino por el término de tres siglos, y a los nombres de lugares indios lo menos que les hacían era anteponerles el de un santo, como a Tegucigalpa, que le decían San Miguel de Tegucigalpa; a Comayagua la llamaban Nueva Valladolid, y así a otros: no bien sacudieron sus sandalias los conquistadores, y los nombres antiguos reaparecieron. Pues si los españoles, con todo y ser ellos, no consiguieron que en los lugares bautizados con nombres indios prevalecieran los nuevos, ¿cuántos siglos dominarían aquí los aztecas para que los lugares conservaran perpetuamente el sello de su poderío? Ahora, si del norte vinieron las tribus *nahoas*, como afirman algunos y es lo creíble, o de aquí fueron a México, como quieren otros, no sabré decirlo. El padre Vásquez, en sus *Crónicas*, trae la tradición de que en tiempo que mandaba en Anáhuac, Ahuizote, concibió este rey el proyecto de conquistar estas tierras, para lo que dispuso que paulatinamente fueran viniendo familias mexicanas en calidad de emigradas, a fin de que, cuando estas hubieran constituido agrupaciones respetables, acometer por todos lados a los aborígenes, hasta sojuzgarlos. Que el señor Ahuizote, como lo llama el padre Vásquez, causó muchos daños por acá, parece cierto, porque Ahuizote significa entre los indios algo así como ave de rapiña.

SUFIJOS

No trataré en este lugar de las posposiciones y terminaciones puramente aztecas, porque ellas están bien explicadas en los libros de los señores Peñafiel, Robelo y demás autores que han traducido nombres geográficos, sino de los sufijos que con frecuencia acompañan a los nombres de lugares de Honduras, aunque aquellos sean tomados del idioma mexicano, con tal que merezcan especial consideración.

GUA. —Esta es la partícula mexicana *hua*, que denota posesión, y que unida a los nombres les da apariencia de participios. Muchos de los de Honduras tienen esta terminación, *Comayagua*, *Cucuyagua*, y los he traducido como gentilicios; porque para formar estos de los nombres acabados en *huacan*, se suprime la última sílaba: así el derivado étnico de *Acolhuacan* es *Acolhua*. Dos razones me han movido a seguir este procedimiento: es la primera, los tantos nombres gentilicios que hay entre los de lugar de Honduras, *Choluteca*, *Amarateca*, *Cuzcateca*, *Yuculateca*; y la segunda, la tendencia que había en los indios de aquí, de conocerse, en lo general, por el nombre de una tribu, y no por el del lugar donde estaban fincados, *Temoaques*, *Postaques*, *Tongalex*. El señor Buelna traduce las palabras terminadas en *hua* como si lo fueran en *huacan*.

GUAL. —Significa agua, río, quebrada. Pertenece no sé a qué dialecto del antiguo departamento de Gracias (Copán, Gracias, Intibucá).

GUARA. —Significa río en el dialecto de Guajiquiro y Similatón. Parece ser la misma terminación anterior. Regularmente se pospone para formar nombres de quebradas, *Camaguara*, *Sicaguara*, *Soroguara*. Las palabras terminadas en *guara* no pasan de los departamentos de Intibucá, La Paz, Comayagua, Tegucigalpa, Olancho y Yoro.

ILI. —Se traduce por agua, pero no sé de qué dialecto procede. Se encuentra en nombres de lugar de los departamentos de Choluteca, El Paraíso y Olancho. En raros casos se presenta en la forma de *quile*.

IRE. —También se traduce por agua, y etimológicamente es la misma anterior. Los nombres acabados en *ire* están diseminados en toda la República, exceptuando Copán, Santa Bárbara y Cortés. A veces esta terminación aparece con las formas de *quire, quira, guira,* guiro.

LACA. —Hay necesidad de decir algo de esta terminación, porque la *l* es constante, aunque no pertenezca al elemento anterior. Es compuesta de *c, en,* y de *atl,* agua, en mexicano.

LI. —Vale agua en los departamentos fronterizos a Nicaragua. Hay uno que otro nombre con esta terminación o con la de *le* en el departamento de Tegucigalpa.

OA. —Parece que la última letra es *a* de *atl,* agua; pero tuve que convencerme de lo contrario analizando a *Tenampúa,* nombre de unas ruinas de aborígenes que existen en el departamento de Comayagua. En este lugar casi no hay agua, sino unas grandes murallas, restos de una inexpugnable fortaleza india. Estando claros los otros componentes de esta palabra, que son *tenamitl,* muralla, y *pol,* que sirve para formar aumentativos, hay que suponer que el *oa* o *ua* proviene de haberse debilitado hasta perderse el sonido de la *l,* *tenampol,* al unirse con el posesivo *hua,* ya explicado. Esta terminación es frecuente en los departamentos del occidente y noroeste de la República.

OPO. —En los departamentos de Valle, Choluteca y parte de El Paraíso y Tegucigalpa, la terminación mexicana *apan,* compuesta de *atl,* agua, y *pan,* en se ha convertido en *opo, ope, upe, upo.* En otros puntos de la República, la última vocal de *apan* ha pasado a ser *e: Guralape.*

PALA. —Solo hay dos palabras en Honduras terminadas en *pala: Amapala,* puerto sobre la Bahía de Fonseca, que antes se escribió *Amapal* y *Oricapala,* que hoy decimos *Orica,* pueblo que dista de Tegucigalpa unas veinticuatro leguas al norte. Antes de creer que sea el *palha* de los guajiquiros, que vale cerro, me parece que es la posposición mexicana *pal,* que entre otras acepciones tiene la de *cerca de,* y que ocasionalmente se ha unido a nombres.

TECA. —Esta no es terminación de lugar, sino que sirve en mexicano para formar los gentilicios de los nombres acabados en *lla* o *tlan.* Su forma en singular es *tecatl.* En Nicaragua se ha debilitado en *dega* o *tega.* Como las ruinas de los antiguos pueblos, cuyos nombres acaban en *teca,* están en las llanuras, me parece que por esta causa los guajiquiros le dicen al valle *tega.*

16

TERIQUE. —Refieren los indios viejos que esta terminación, que significa cerro, tenía antes la forma de *terigui*. Así he traducido los nombres que acaban en ella, no obstante creer que es la misma *tique*, de que hablaré enseguida. En la Geografía de Velasco, el nombre de Lepaterique está escrito *Lopatrequi*; y si quitamos la *r*, que está de más en muchas palabras geográficas de dicha obra, resulta Lopatequi.

TIQUE. — Esta humilde terminación y la anterior *terique*, han dado motivo a largas disertaciones sobre nuestros indios, y aun hay quien haya publicado trabajos para probar que el nombre de América es americano, por haber sido tomado de las palabras terminadas en *ique* de la América Central. *Tique* es *tic*, compuesta de la partícula ligativa mexicana *li* y de *c*, que se traduce por *en*: *Jailique*, *Amatique*, *Erandique*.

NOMBRES GEOGRÁFICOS DE GUATEMALA

GUATEMALA (*Quauhtemalli + lan*). — Entre los montones de madera.

PINULA (*Pinolli + la*). — Abundancia de pinole.

CHINAUTLA (*Chinamitl + tla*). — Lugar abundante en cercados. [I]

MIXCO (*Miztli + co*). — En los leones.

SACATEPEQUEZ (*Zacatl + tepetl + c*). — En el cerro del zacate.

JOCOTENANGO (*Xocotl + tenamitl + co*). — En las cercas de árboles frutales.

ALOTENANGO (*Alo + tenamitl + co*). — En la muralla de los papagayos.

CHIMALTENANGO (*Chimalli + tenamitl + co*). — En la muralla de las rodelas.

JILOTEPEQUE (*Xilotl + tepetl + c*). — En el cerro de los jilotes.

COMALAPA (*Comalli + atl + pan*). — En el agua del os comales.

TECPAM (*Tecpan*). — Palacio real.

POCHUTA (*Pochotl + tla*). — Abundancia de ceibas.

NEJAPA (*Nextli + atl + pan*). — En el agua de la ceniza.

ACAETNANGO (*Acatl+ tenamitl + co*). — En la muralla de las cañas o carrizos.

YEPOCAPA (*Cepoclic + atl + pan*). — En el agua dormida. ([II])

YTZAPA (*Ytztli + atl + pan*). — En el agua de la obsidiana.

AMATITLÁN (*Amatl + ti + pan*). — Entre los amates.

PETAPA (*Petlatl + atl + pan*). — En el agua de los petates o esteras.

ESCUINTLA (*Ytscuintli + tla*). — Abundancia de perros.

MIXTÁN (*Mitztli + tlan*). — Junto a los leones.

GUANAGAZAPA (*Quauhuacaztli + atl + pan*). — En el agua de los guanacastes.

[I] La m de Chinamitl al quedar sola, después de perdidas las letras itl, pasó a ser n, que fácilmente se convirtió en n en lo escrito y después en lo hablado.

[II] Según las reglas de composición del azteca, los adjetivos acabados en lic pierden estas tres letras al juntarse a un sustantivo. La y, de ye, debe provenir de haberme escrito con x, Xe, de donde pasó a y.

CUAJINIQUILAPA (*Quauhxiniquilitl* + *atl* + *apan*). — En el agua de los guajiniquiles (*Ynga jinicuil,* Schl.)

JUMAITEPEQUE (*Xomatl* + *tepetl* + *c*). — En el cerro de los jumates (un arbusto).

MATAQUESCUINTLA (*Matlactli* + *itzcuintli* + *tlan*). — Lugar donde hay diez perros.

NISTEPEQUE (*Nextli* + *tepetl* + *c*). — En el cerro de la ceniza.

TEXCUACO (*Tlequahuitl* + *co*). — En los instrumentos de madera para hacer fuego.

CHIQUIMULA (*Chiquimolin* + *la*). — Lugar de jilgueros.

NANCINTA (*Nantzintli* + *tlan*). — Donde se honra a las madres.

IXHUATÁN (*Ixhuatl* + *tlan*). — Lugar de palmeras.

GUAZACAPAM (*Uaxin* + *yacatl* + *pan*). — En la cima de los guajes.

SINACANTÁN (*Tzinacan* + *tlan*). — Lugar en que abundan los murciélagos.

SOLOLÁ (*Zololli* + *la*). Lugar de cosas antiguas.

UTATLÁN (*Otlatl* + *tlan*). — Entre los otates (caña maciza y recia).

IXTAHUACAN (*Ixtlahuatl* + *can*). — Lugar de llanuras.

TOLIMÁN (*Tollin* + *ma* + *n*). — Lugar donde se corta tule o junco.

ATITLÁN (*Atl* + *ti* + *tlan*). — Entre el agua.

CHICACAO (*Xicalli* + *can*). — Lugar de jícaras.

TOTONICAPAM (*Totonacatl* + *atl* + *pan*). — En el agua de los totonacas (una tribu mexicana).

MOMOSTENANGO (*Momoztli* + *tenamitl* + *co*). — En la muralla del adoratorio de la encrucijada.

QUEZALTENANGO (*Quetzalli* + *tenamitl* + *co*). — En el cerro de los quetzales.

OLINTEPEQUE (*Olin* + *tepetl* + *c*). — En el cerro de los temblores.

OSTUNCALCO (*Ostotl* + *calli* + *co*). — En la casa de la cueva.

ALMOLONGA (*Atl* + *molo* + *ca*). — Lugar donde mana agua.

HUITÁN (*Huitztli* + *tlan*). — Lugar de espinas.

COATEPEQUE (*Coatl* + *tepetl* + *c*). — En el cerro de la culebra.

MAZATENANGO (*Mazatl* + *tenamitl* + *co*). — En la muralla de los venados.

CUVOTENANGO (*Coyotl + tenamitl + co*). — En la muralla de los coyotes.

ZAPOTITLÁN (*Tzapotl + ti + tlan*). — Entre los zapotes.

SAMAYAC (*Amaxa + c*). — En donde se divide el agua.

JOCOPILAS (*Xocotl + pil + la*). — Abundancia de arbolitos frutales.

SUCHITEPÉQUEZ (*Xocotl + pil + la*). — En el cerro florido.

COMITANCILLO. — Comitán pequeño (Comitán. — *Comitl + tlan*. — Lugar de marmitas de barro).

SIPACAPA (*Cipactli + atl + pan*). — En el agua de los tiburones.

OJETENAM (*Oxitl + tename*). — Lugar de los que tienen ungüento.

TAJUMULCO (*Tlalli + xomulli + co*). — En el rincón de la tierra.

TEJUTLA (*Texutli + tla*). — Abundancia de tejute (cierta tierra mineral).

MALACATÁN (*Malacatl + tlan*). — Lugar de malacates.

AYUTLA (*Ayotl + tla*). — Lugar en que abundan las tortugas.

HUEHUETENANGO (*Ueuetl + tenamitl + co*). — En la muralla de los atabales.

CHIANTLA (*Chian + tla*). — Abundancia de chía.

XACALTENANGO (*Xacalli + tenamitl + co*). — En la muralla de las jícaras.

ACATÁN (*Acatl + tlan*). — Lugar de cañas.

CUCHUMATÁN (*Quauhxumatli + tlan*). — Lugar de cucharas de madera.

YXTATÁN (*Yztatl + tlan*). — Cerca de la sal.

COLOTENANGO (*Colotl + tenamitl + co*). — En la muralla de los alacranes.

TECTITLÁN (*Tetl + li + tlan*). — Entre las piedras.

HUISTA (*Huitztli + tla*). — Abundancia de espinas.

COATÁN (*Coatl + tlan*). — Cerca de la culebra.

AGUACATÁN (*Ahuacatl + tlan*). — Lugar en que abundan los aguacates.

ZACUALPA (*Tsaqualli + pan*). — En la pirámide.

CHICHICASTENANGO (*Tzitzicastli + tenamitl + co*). — En la muralla de las ortigas o *chichicastes*.

YLOTENANGO (*Xilotl* + *tenamitl* + *co*). — En la muralla de los jilotes.

USPANTÁN (*Ochpantli* + *tlan*). — Lugar de grandes caminos.

SACAPULA (*Zacatl* + *pol* + *la*). — Abundancia de zacate grande.

TECULUTLÁN (*Tecolotl* + *tlan*). — Lugar de tecolotes.

USUMATLÁN (*Ozomatl* + *tlan*). — Lugar de monos.

ACASAGUASTLÁN (*Acazacauitztli* + *tlan*). — Lugar donde abunda la grama.

JOCOTÁN (*Xocotl* + *tlan*) — Lugar de árboles frutales.

OLOPA (*Olotl* + *pan*). — En los *olotes* o zuros.

ESQUIPULAS (*Izquitl* + *pol* +*la*). — Abundancia de grandes izquites (una flor muy olorosa).

QUEZALTEPEQUE (*Quetzalli* + *tepetl* + *c*). — En el cerro del quetzal.

YPALA (*Yepalli* + *la*). — Abundancia de asientos con espaldar.

JALAPA (*Xalli* + *atl* + *pan*). — En el agua de arena.

GUASTATOYA (*Uaxin* + *atoyatl*). — Río de los guajes.

ALZATATE (*Aztatl* + *tla*). — Lugar en que abundan las garzas.

JUTIAPA (*Jute* + *atl* + *pan*). — En el agua de los caracolillos.

MITA (*Mitl* + *tla*). — Abundancia de flechas.

YUPILTEPEQUE (*Yopi* + *tepetl* + *c*). — En el cerro consagrado al dios *Tótec*.

ATESCATEMPA (*Atezcatl* + *tentli* + *pan*). — En la orilla del charco.

COMAPA (*Comitl* + *atl* + *pan*). — En el agua de las marmitas de barro.

JALPATAGUA (*Atl* + *patlahuac*). — Río ancho.

AZULCO (*Azolin* + *co*). — En los *azulines* (cierto pájaro acuático).

MOYUTA (*Moyotl* + *tla*). — Abundancia de mosquitos.

MICHATOYA (*Michin* + *atoyatl*). — Río del pescado.

YZTAPA (*Yztatl* + *pan*). — Sobre la sal.

TECOJATE (*Tezoyatl*). — Una especie de palmera.

COTZUMALGUAPA (*Cuzamatl* + *lo* + *atl* + *pan*). — En el agua de las comadrejas.

AMATENANGO (*Amatl* + *tenamitl* + *co*). — En la muralla de los amates.

CHALCHITÁN (*Chalhinitl* + *tlan*). — Lugar de esmeraldas.

USUMACINTA (*Ozomatl* + *tzintli* + *tla*). — Abundancia de monitos.

MOTOCINTA (*Mototli* + *tsintli* + *tla*). — Abundancia de ardillitas.

TAHUESCO (*Tlalli* + *uitztli* + *co*). — En la tierra de las espinas.

CHIMALAPA (*Chimalli* + *atl* + *pan*). — En el agua de las rodelas.

CAMOTÁN (*Camotli* + *tlan*). — Lugar de camotes.

CHIACÁN (*Chia* + *can*). — Lugar de chías.

CHICAMÁN (*Xicalli* + *ma* + *n*). — Lugar donde se hacen jícaras.

JICOMAPA (*Xicamatl* + *pan*). — En las jícamas (una raíz comestible).

LACANDÓN (*Acatl* + *ton*). — Cañita.

PAPALCUAPA (*Papalotl* + *atl* + *pan*). — En el agua de las mariposas.

SECOYOTE (*Xocoyotl*). — Acedera.

SUCHITÁN (*Xochitl* + *tlan*). — Entre las flores.

TEATITÁN (*Tetl* + *atl* + *ti* + *tlan*). — En el agua pedregosa.

ZUMPANGO (*Tzompantli* + *co*). — En los *zompantes* (un árbol).

TAXISCO (*Tlaxistle* + *co*). — En los *tlajistes* (un árbol).

NOMBRES GEOGRÁFICOS DE NICARAGUA

NICARAGUA (*Xicalli + hua*). — Lugar que tiene jícaras.

APOYO (*Atl + poyec*). — Agua salada.

MASAYA (*Mazatl + yan*). — Lugar donde se cazan venados.

TISCAPA (*Ichcatl + atl + pan*). — En el agua del algodón.

NEJAPA (*Nextli + atl + pan*). — En el agua de la ceniza.

ASOSOCO (*Axoxoc + can*). — Lugar de *ajojocos* (una hierba comestible).

JILOA (*Xilotl + atl*). — Agua de los jilotes.

ESTELÍ (*Eztetl + li*). — Río del jaspe (cierta clase que sirve para contener las hemorragias).

MATAGALPA (*Matlatl + calli + pan*). — En la casa de los matates.

JINOTEGA (*Xilotl + teca*). — Habitantes de *Jilotlán*.

CAMOAPA (*Camotl + atl + pan*). — En el agua de los camotes.

MURRA (*Molli + la*). — Lugar de salsas.

CHONTALES (*Chontalli*). — Extranjero.

CONDEGA (*Comitl + teca*). — Habitantes de *Comitlán*.

SOMOTO (*Xomotontli*). — Saúco.

YCALUPE (*Xicalli + atl + pan*). — En el agua de los jícaros.

JINOTEPE (*Xilotl + tepetl*). — Cerro del jilote.

OSTOCAL (*Oztotl + calli*). — Casa de la cueva.

TIPITAPA (*Tepetlatl + atl + pan*). — En el agua de los tepetates.

PANALOYA (*Pano + lo + yan*). — Lugar por donde se pasa el río, vado.

OYATE (*Ayatl*). — Manta de algodón o de maguey.

ACOYUAPA (*Acoyotl + atl + pan*). — En el agua de los *acoyotes* (cierta ave acuática).

SAPOA (*Tzapotl + atl*). — Agua de los zapotes.

TAPAZLI (*Tapachtli + li*). — Río de los moluscos.

GUAYUCALÍ (*Quauchyoacatla + li*). — Agua del bosque.

MAYALES (*Mayutl + li*). — Río de los escarabajos.

TECOLOSTOTE (*Tecolotl + Oztotl*). — Cueva de los tecolotes.

MASAPA (*Mazatl + atl + pan*). — En el agua de los venados.

MALACATOYA (*Malacatl + atoyatl*). — Río de los malacates.

TELPOCHAPA (*Tepochtli + atl + pan*). — En el agua del mármol.

MASATEPE (*Mazatl + tepetl*). — Cerro del venado.

SITALAPA (*Citlalin + atl + pan*). — En el agua de los *patastes* o *güisquiles*.

JIQUELITE (*Xiuhquilitl*). — Jiquilete.

TELICA (*Tetl + li + c*). — En el agua de las piedras.

ACHUAPA (*Achiotl + atl + pan*). — En el agua del achiote.

SUBTIABA (*Jute + hua?*). — Lugar que tiene caracolillos o jutes.

QUEZALGUAQUE (*Quetsalli + hua + que*). — Vecino de Quetzalhuacam.

TOLAPA (*Tollin + atl + pan*). — En el agua de los juncos.

JOCUILIAPA (*Ocuilin + atl + pan*). — En el agua de los gusanos.

MOYOGALPA (*Moyotl + calli + pan*). — En la casa de los mosquitos.

POPOYUAPA (*Popoyutl + atl + pan*). — En agua del maíz anieblado.

NAGUALAPA (*Naualli + atl+ pan*). — En el agua de los brujos.

TOLA (*Tollin + la*). — Abundancia de juncos.

NANCITAL (*Nanauchi* o *nanciuxocotl*). — Abundancia de nauces (*Malpigia sp?*).

CHACALAPA (*Chacalli + atl + pan*). — En el agua de los camarones.

CHINANDEGA (*Chinamitl + teca*). — Vecinos de Chinantlan.

CHICHIGALPA (*Chichi + calli + pan*). — En la casa de los perros.

POSOLTEGA (*Pozoli + teca*). — Vecinos de *Pozollan*.

POTECA (*Poctli + teca*). — Habitantes de *Pocilan*.

CUAJINIQUILAPA (*Quauhxiniquilitl + atl + pan*). — En el agua de los guajiniquiles (*Inga jiniquil, Schl*).

ULUSE. — *Jolosin*. — (Una planta de la familia de las uliáceas).

YAULÍ (*Yauhtli + li*). — Río de los *yautes* (una planta).

APAGÁN (*Apantli + can*). — Lugar de caños de agua. ([1])

PALAGUA (*Palli + hua*). — Lugar donde hay barro negro.

GUAPINOL (*Quauhpinolli*). — *Guapinol* (un árbol).

JUIGALPA (*Uictli + calli + pan*). — En la casa de la azada.

COMALAPA (*Comalli + atl + pan*). — En el agua de los comales.

---

[1] Tal vez sea *Apalagna*. Véase esta palabra en el texto.

TEUSTEPE (*Teotl* + *tepetl*). — Cerro de la mujer.

COTINAPA (*Quahtin* + *atl* + *pan*). — En el agua de las águilas.

POCHOTE (*Pochotl*). — Ceiba.

GUISCOYOL (*Uitzocolli*). — *Huiscoyol* (un árbol).

TOMATOYA (*Tomatl* + *atoyatl*). — Río de los tomates.

METAPA (*Metlatl* + *atl* + *pan*). — En el agua de las piedras de moler.

JUCUAPE (*Xocotl* + *atl* + *pan*). — En el agua de los árboles frutales.

GUAGUASLÍ (*Uauautzin* + *li*). — Río de los *uauauzines* (una planta medicinal).

APANTE (*Apantli*). — Caño de agua.

SAMULALI (*Yamolli* + *li*). — Agua de los *yamoles*.

OCALCA (*Occalli* + *can*). — Lugar de sótanos para guardar provisiones,

YUCULÍ (*Xocotl* + *li*). — Agua de los árboles frutales.

YAGUALE (*Yahualli* + *li*). — Río de los asentaderos de ollas.

TOMAYUNCA (*Tomatl* + *yotl* + *can*). — Lugar de tomateras.

OCUSLÍ (*Ocotl* + *li*). — Agua de los ocotes.

SUSULÍ (*Xoxotla* + *li*). — Agua de las luciérnagas.

TECUANAPA (*Tecuani* + *atl* + *pan*). — En el agua de las bestias feroces.

APAMICO (*Apantli* + *milli* + *co*). — En las tierras de regadío.

JALÍ (*Xalli* + *li*). — Agua de arena.

TOTOGALPA (*Tototl* + *calli* + *pan*). — En la casa de las aves.

TECOMAPIA (*Tecomatl* + *atl* + *pan*). — En el agua de las calabazas.

SONTALÉ (*Tsontolli* + *li*). — Río de los *suntules* (un junco).

MOSONTE (*Mozotl*). — *Mosote* (una planta).

TELPANECA (*Tepanecatl*). — Así se llamaba una tribu *nahuatlaca*.

JALAPA (*Xalli* + *atl* + *pan*). — En el agua de arena.

TEULUPE (*Tollin* + *atl* + *pan*). — En el agua de los juncos.

TASTALÍ (*Tatac* + *li*). — Agua de los tataques (un pájaro).

SOLONLI (*Zololli* + *li*). — Agua de las espigas de maíz.

MECHAPA (*Michín* + *atl* + *pan*). — En el agua del pescado.

SASACALÍ (*Zazacatl* + *li*). — Río del prado.

OLAMA (*Ollama*). — Juego de pelotas de hule.

TAURRA (*Tlaolli* + *la*). — Abundancia de maíz seco.

GUISISIL (*Uitzitzilin*). — Pájaro mosca.

OMETEPE (*Ome + tepetl*). — Dos cerros.

CUANACASAPA (*Quauhuacaztli + atl +pan*). — En el agua de los guanacastes.

TEMPATE (*Tentli + patli*). — *Tempate* o *piñón* (un arbusto que sirve de remedio para las enfermedades de la boca).

SUCUYAPA (*Xocoyotl + atl + pan*). — En el agua de las acederas.

SACASLÍ (*Zacatl + li*). — Río arenoso.

UPA (*Otli + pan*). — En el camino.

AGUEGUE (*Ahuehuetl*). — Ciprés.

OCHOMOGO (*Oxomoco*). — El nombre de una divinidad india.

TALOLINGA (*Tlalolini + can*). — Lugar de temblores de tierra.

GUILISGUA (*Quilitl + hua*). — Lugar que tiene verduras.

JUISULÍ (*Uitzxochitl + li*). — Agua de los huisuches (un arbusto).

MANAGUA (*Atl + uauac*). — Junto al agua.

A

Acaguales. — Caserío del municipio de Tegucigalpa, situado al norte de la ciudad de este nombre e inmediato a ella. En mexicano *acaualli*, españolizado en *acagual*, es la planta *Doronicum pardalianches*, L. La acepción que damos a la palabra objeto de este análisis no aparece en el Diccionario de Rémi Simeón, sino las de "zarzas secas, campo sin cultivo". En esta última se usa en Honduras.

Acaguaque. — Caserío del municipio de Lepaterique, en el departamento de Tegucigalpa. Es el plural el gentilicio *acahua*, de *Acahuacan*. Esta palabra significa en mexicano "lugar que tiene cañas"; y se compone de *acatl*, caña, carrizo, y *huacan*, partícula posesiva e indicativa de lugar.

Acapa. — Pueblo que entró en el repartimiento que de la ciudad de San Pedro Sula y Puerto Caballos hizo don Pedro de Alvarado, y nombre de una laguna del departamento de Santa Bárbara. Significa en mexicano "en el agua de los carrizos". Se compone de *acatl*, caña, carrizo, *atl*, agua y *pan*, en.

Acapusteque. — Ignoramos cuál era el lugar que ocupaba este pueblo, que fue de los repartidos por don Pedro de Alvarado. Se compone de las palabras mexicanas *acatl*, caña, y *poztequi*, destruir; así es que podemos traducirla: "lugar donde se destruyeron las cañas". La terminación de lugar, que tal vez tuvo, ha desaparecido.

Aciguaque. — Caserío del municipio de Lepaterique, en el departamento de Tegucigalpa. Es el gentilicio plural de *Acihuacan*. Esta palabra se compone de las mexicanas *acilli*, somormujo, y la partícula posesiva e indicativa de lugar *huacan*, y significa "lugar que tiene somormujos".

Achapla. — Pueblo del repartimiento de don Pedro de Alvarado. *Axalpa*, que es la forma mexicana de la palabra, significa "en la arena". Se compone de *axalli*, cierta arena para tallar piedras preciosas, y *pan*, en.

Achuluapa. — Este nombre tenían los ejidos del pueblo de San Francisco Zapota, del departamento de Olancho. Significa en mexicano "en el agua de los renacuajos". Se compone de *axolotl*, renacuajo, batracio que utilizan como alimento los mexicanos, *atl*, agua, y *pan*, en.

Agalta. — Grande y hermoso valle del departamento de Olancho, y por el que atraviesa el río de aquel nombre. La descripción de estos lugares hace el padre Goicoechea nada deja que desear. Cuando por primera vez analizamos este nombre, creíamos que su verdadera ortografía era *Acalla*; pero reflexionando un poco más acerca de las transformaciones que han sufrido entre nosotros las palabras aztecas al castellanizarse, hemos llegado a la conclusión de que la *l* de la penúltima sílaba está de más, como lo están la *n* y la *s* en otras palabras que adelante analizaremos. *Acatla*, que es la forma correcta de *Agalta*, significa en mexicano "carrizal". Se compone de *acatl*, carrizo, caña, y la partícula abundancial *tla*.

Agalteca. — Pueblo del departamento de Yoro y nombre de una aldea de Cedros, en este departamento. Contiguo a esta aldea hay un terreno que contiene inagotables masas de hierro. A las claras Agalteca es el gentilicio de *Acalla*, que significa en mexicano "abundancia de canoas", compuesto de *acalli*, canoa, y la abundancial *la*. Los conquistadores ya encontraron a Agalteca, y entró este pueblo en el repartimiento de don pedro de Alvarado.

Agoacao. — Pueblo que aparece en la Geografía del señor Velasco como perteneciente a Honduras. Significa en mexicano "roble". Se compone de *auatl*, roble (Quercus insignis, Mart et Gal), y *quahutl*, árbol. La terminación *cao* nos parece una variante de *cuao*, que se conserva en *jiñicuao*, *tapascuao*, y que no es más que *quahuitl*, árbol, españolizado.

Agualcaguaire. — Terreno del departamento de Choluteca, y al que lo limita por uno de sus lados el río Texíguat. Significa "río que tiene aguacates". Se compone de las palabras mexicanas *ahuacatl*, aguacate (Persea gratissima, Gaer), la partícula posesiva *hua*, e *ire*, que en dialecto de Honduras es agua, río.

Agualteca. — Terreno del departamento de Santa Bárbara. Es un derivado étnico de Ahuatlan. Esta palabra significa "lugar de encinos", se compone de *ahuatl*, encino, y *tlan*, lugar.

Aguán. — Río que desemboca en el mar de las Antillas, después de haber regado el fértil y pintoresco valle de Olanchito. Es navegable naturalmente algunas leguas, y con poco costo podría serlo hasta unos setenta y cinco kilómetros distantes de Yoro. Significa en mexicano "muchas aguas". Se compone de *atl*, agua, y *huan*, partícula final de plural, que pueden tomar todos los nombres, según lo enseña el señor Peñafiel.

Aguanqueterique. — Pueblo del departamento de La Paz. En la Nómina de los pueblos de la Provincia de Comayagua, relacionados con motivo del cobro de las penas de Cámara (años de 1684 a 1685), está *Aguancaterique*, que, suprimida la *n* de *guan*, nos da la verdadera ortografía del vocablo. Significa "cerro de los aguacates". Se compone de la palabra mexicana *ahuacatl*, aguacate, y *terigui*, que en lenco significa cerro. Hay que observar a la etimología que presentamos, que el actual pueblo de Aguanqueterique queda al pie de la montaña de su nombre, y se nos ha asegurado que no hay aguacates; pero como la historia de nuestras poblaciones no existe, se ignora si aquel estaba situado en lugar diferente del que hoy ocupa.

Aguaquire. — Aldea y pueblo del Dulce Nombre, en el departamento de Olancho. Significa "río de los robles". Se compone de la palabra mexicana *ahuatl*, roble, encino, y *quire*, agua, en uno de los dialectos de Honduras.

Aguate. — Terreno del departamento de Santa Bárbara. *Auatl* significa en mexicano "roble, espina", y cierta oruga que vive en los árboles. En el habla vulgar, y perdida la primera *a* (*guate*), usamos aquella palabra para nombrar las espinillas que tienen algunas plantas, como la caña de azúcar y el maíz.

Aguatepeque. — Pueblo que como de Honduras figura en la Geografía del señor Velasco. Significa en mexicano "pueblo del encinar", según el señor Peñafiel. Se compone de *auatl*, roble, encino, *tepetl*, cerro, monte, y la posposición *c*, apócope de *co*, en.

Ahuijapa. — Arroyo del departamento de El Paraíso. Significa en mexicano "en las cuatro aguas". Se compone de *naui*, cuatro, *atl*, agua, y *pan*, en.

Ajuquinapa. — Terreno del departamento de Olancho. Significa en mexicano "en el agua de los ajuquines". Se compone de *axoquen*, cierta ave zancuda, *atl*, agua, y *pan*, en.

Ajuterique. — Pueblo de indios situado en el valle de Comayagua y a dos leguas al oeste de la ciudad de este nombre. Es pueblo antiguo, pero fundado con posterioridad a la conquista. Significa "cerro de las tortugas". Se compone de la palabra mexicana *ayotl*, tortuga de tierra, hicotea, y *terigui*, cerro, en el dialecto de Guajiquiro.

Alacán. — Hoya que hay en Sensenti, en el departamento de Copán. Significa en mexicano "lugar de calabazas". Se compone de *allacatl*, calabaza, y *can*, lugar, que hay que sobreentender, porque "siempre que al suprimir las letras finales de una palabra para convertirla en nombre de lugar, la última sílaba sea posposición, no se añade la que correspondería al nombre geográfico".

Alauca. — Pueblo del departamento de El Paraíso. Los *alaucas* son de las tribus de aborígenes que encontraron los conquistadores. Significa en mexicano "lugar resbaladizo". Se compone de *alaua*, resbalar, y *can*, lugar. Aún ejercen los alaucas su industria primitiva, la de la alfarería.

Aloterique. — Pueblo de Tegucigalpa, mencionado en la Nómina de los pueblos de la Provincia de Comayagua, relacionaos con motivo del cobro de las penas de Cámara (años de 1684 a 1685). Significa "cerro del papagayo". Se compone de la palabra mexicana *alo*, papagayo o *lapa*, y la lenca *terigui*, cerro.

Alubarén. — Pueblo antiguo del departamento de Tegucigalpa, situado al pie del cerro Yústima y a la margen izquierda de un riachuelo. El primer elemento de esta población es *alo*, papagayo, y el segundo será *pallan*, por no haber *ó* en mexicano. Sin embargo, el pueblo pronuncia *Alugarén*, por lo que es más acertado creer que el último elemento es *cal-lan*, junto a la casa. La traducción, pues, suponiendo buena esta forma, es "junto a las casas de los papagayos".

Alurasta. — Caserío de Nueva Armenia, en el departamento de Tegucigalpa. Significa en mexicano "junto al agua de los otates". Se compone de *atl*, agua, *Otlatl*, caña recia y maciza, y *tlan*, junto. Algunas personas pronuncian *Aludasta*, lo que prueba que la *r* sustituye a la *d*, y esta a la *t*.

Amacuapa. — Caserío del municipio de Manto, en el departamento de Olancho. Significa en mexicano "en el agua de los amates". Se compone de *amaquahuitl*, amate, *atl*, agua, y *pan*, en.

Amapa. — Caserío del municipio de Talpetate, en el departamento de Cortés. Significa en mexicano "en el agua de los amates". Se compone de *amatl*, amate, *atl*, agua y *pan*, en. Entre los mexicanos *amapan* era el nombre de una divinidad.

Amapala. — El primer puerto que tiene Honduras, al sur, en el Golfo de Fonseca. Está situado en la Isla del Tigre y al pie de un cerro de forma cónica, que parece volcán. *Amapal*, como escribe el padre Vásquez en sus *Crónicas*, tenía, en el siglo pasado, seis pueblecillos de indios. Significa en mexicano "cerca de los amates". Se compone de *amatl*, amate, y *pal*, cerca. Hay quien crea que *Amapala* significa *cerro del maíz*, de *ama*, maíz en el dialecto de Goajiquiro, y *palha*, cerro en el mismo dialecto.

Amarateca. — Caserío del municipio de Tegucigalpa. La verdadera forma mexicana de esta palabra es *Amateca*, derivado étnico de *Amatlan*, una ciudad de México. *Amatlan* significa "lugar de amates", pues se compone de *amatl*, amate, y *tlan*, posposición abundancial y de lugar.

Amatique. — Pueblo de los del río de Ulúa y jurisdicción de San Pedro, citado en la Nómina de los pueblos de la Provincia de Comayagua (años de 1684 a 1685). Hoy es conocido con el nombre de *Amatique* la bahía que queda al oeste del puerto de Omoa. Significa en mexicano "en los amates". Se compone de *amatl*, amate, la ligadura *li*, y *c*, en.

Apacilagua. — Pueblo del departamento de Choluteca, situado en las márgenes del río de este nombre. El padre Vásquez, en sus *Crónicas*, nos habla de los *apazinas*, palabra de la que se forma *Apacilagua*, cuya verdadera ortografía nos parece ser *Apaztzinhua*, derivado étnico de Apaztzinhuacan, que significa "lugar que tiene apastillos o cantaritos".

Apacinigua. — Caserío del municipio de Sabanagrande, en el departamento de Tegucigalpa. Etimológicamente es lo mismo que *Apacilagua*. (Véase esta palabra).

Apacunca. — Que hoy pronunciamos *Pacunca*, es un terreno de doce caballerías, medido a favor de la Cofradía del Rosario de Goascorán (¿Guasucarán?), fundada en la iglesia de Ojojona. Significa "lugar de agua para lavar". Se compone de *atl*, agua, *paca*, lavar una cosa, y *can*, lugar.

Apalagua. — Cerro de San Antonio, al pie del cual corre una quebrada, que lleva también aquel nombre. Es derivado étnico de *Apanhuacan*, que significa en mexicano "lugar que tiene caños de agua". Se compone esta última palabra de *apantli*, caño de agua, y *huacan*, partícula posesiva e indicativa de lugar. Sobre la sílaba *la*, demás, véase *Guaraguastaca*.

Apali. — Caserío del municipio de Danlí, en el departamento de El Paraíso, y caserío de San Antonio de Flores, en el mismo departamento. *Apali*, por *Apanli*. Significa "río de los caños de agua". Se compone de la palabra mexicana *apantli*, caño de agua, y *li*, que, en uno de los dialectos de Honduras, es río.

Apalipí. — Caserío de San Antonio de Flores, en el departamento de El Paraíso. Parece un diminutivo de Apali, que se ha formado añadiendo al primitivo la terminación *pil*, la cual es una de las tantas que en mexicano sirven para aquel efecto.

Apamola. — Terreno del departamento de Copán. En el Índice del señor Vallejo está escrito Apomola, y en algunos pasajes del expediente de medidas, Pomola. La palabra es derivada de la azteca *apano*, atravesar una corriente de agua. Podemos traducirla "lugar de vados del río".

Apampó. — Aldea de San Antonio de Flores, en el departamento de El Paraíso. Significa en mexicano "zanja grande de agua". Se compone de *apantli*, zanja canal, y *pol*, que es una terminación que se emplea para formar aumentativos. Muy posible es que la proposición *pan*, como ha sucedido en otros nombres geográficos de Choluteca y Valle, se haya convertido en *po*: y si así fuere, la traducción de la palabra será "en el canal de agua".

Apante (San Juan). — Terreno del departamento de Choluteca. Es la palabra mexicana *apantli*, que significa "canal, acueducto".

Apantara. — Vegas que hay en el departamento de Gracias. Significa en mexicano "tierras de regadío". Se compone de *apantli*, caño de agua, *tlalli*, tierra, y la abundancial *la*.

Apasapo. — Pueblo de Choluteca, en la Nómina de los pueblos de la Provincia de Comayagua (años de 1684 a 1685). Significa en mexicano "en el agua de los apastes o cántaros". Se compone de *apaztli*, cántaro, *atl*, agua, y *pan*, en. La ortografía que damos a esta palabra la apoyamos en la tendencia que se nota en algunos pueblos a debilitar algunas vocales. Un río del departamento de Valle se llama

Apasapo también; una aldea de Duyure, en el departamento de Choluteca, *Apasupo*, y otra de Vadoancho, en El Paraíso, *Apansupo.*

Apasurú. — Terreno del departamento de Choluteca. Significa en mexicano "abundancia de cántaros viejos". Se compone de *apaztli*, cántaro, *zolli*, viejo, y la abundancial *la*. En el expediente de medida de aquel terreno, que existe en el Archivo Nacional, se lee en algunos pasajes *Pasur*, que es la misma palabra, con la primera y última letras supresas.

Apatiquire. — Quebrada del pueblo de Oropolí, en el departamento de El Paraíso. Significa "quebrada de los canales". Se compone de la palabra mexicana *apantli*, zanja de agua, la ligadura *ti*, y *quire*, que en uno de los dialectos de Honduras es agua, quebrada, río. Un hito de los ejidos de Ojojona se llama *Apaticire.*

Apinto. — Caserío del municipio de El Corpus, en el departamento de Choluteca. *Apintli*, castellanizado en *Apinto*, es una especie de agave, cuya raíz sirve para lavar los vestidos. En el mismo departamento, y pertenecientes al municipio de Pespire, existen los caseríos llamados *Apintal* y *Apintalito.*

Aquespala. — Río del departamento de Choluteca. Significa en mexicano "abundancia de lagartos". Se compone de *acuetzpalin*, lagarto, y la abundancial *la*.

Aragua. — Caserío del municipio de Ojojona, en el departamento de Tegucigalpa. Se puede traducir por "lugar que tiene agua", siendo sus componentes mexicanos *atl*, agua, y *hua*, partícula posesiva. El término *Aragua* no es desconocido en las Antillas, y en prueba de ello léase a continuación lo que dice el señor Bachiller y Morales: "*Aragua, Araguac, Arawach, Arouages, Araguaco*". Esta nación india de que tantas veces se habla en la primera parte de esta obra (*Cuba primitiva*) es el tipo del indio pacífico, amigo del progreso, por su empeño de vivir tranquilo y en armonía con los blancos. Las palabras que encabezan este artículo no es en ninguna de sus formas que le dan los extranjeros, la que usan para designarse ellos mismos.

Locono en plural, o *Loco* (*Loko*) en singular, son los que aplican a su pueblo a sus pueblos, y así se llaman. Los españoles les dicen *Araguas* y dan otros nombres a este análogos, porque se deriva de *arana*, el *caguar*, que habita los mismos lugares: así lo dice el reverendo Brett, a quien cito más adelante. Casi todos los salvajes se creen los únicos seres humanos y sus nombres expresan esa pretensión, aunque la geografía los acepte con impropiedad, por las equivocaciones de los viajeros poco conocedores o ignorantes de sus lenguas. Lo observa el mismo misionero al hablar de la misión Arawack".

Aramecina. — Pueblo del departamento de Valle, situado a la margen izquierda del río Apasapo. Creemos que significa en mexicano "río de los magueyes pequeños". Se compone de *atl*, agua, *metl*, maguey, agave, y la partícula *tzin*, que sirve para formar diminutivos. La última *a* se explica porque tal vez este pueblo de indígenas fue conocido primero como tribu (*los aramecinas*) que como nombre del lugar.

Arauli. — Caserío del municipio de Danlí, en el departamento de El Paraíso. Esta palabra tiene la misma raíz que *Alauca* en su primer componente, *alau*, y al tratar de ella supusimos que viene de *alana*, resbalar. Podemos, pues, traducir toda la palabra "río resbaladizo", puesto que *li* significa agua, río. El terreno que está este caserío es arcilloso, y sus moradores son alfareros. Este hecho confirma la interpretación que damos a la palabra.

Arcilaca. — Terreno del departamento de Gracias. Significa en mexicano "en el agua de los somormujos". Se compone de *acitli*, somormujo, *atl*, agua, y *c*, en.

Atima. — Pueblo del departamento de Santa Bárbara. Significa en mexicano "lugar donde se bebe agua"- Se compone de *atli*, beber agua, *ma*, representa la acción de tomar, y *n*, sobreentendida, lugar. El agua potable de este pueblo, me han informado que la toman de pozos, porque el río queda como a media legua de distancia.

Atuchlapa. — Terreno del departamento de Olancho. Significa en mexicano "en el agua de los atochites". Se compone de *atochictl*, nombre de una planta acuática que no hemos identificado, *atl*, agua, y *pan*, en.

Axagual. — Río del departamento de Gracias. Significa "río de arena". Se compone de la palabra mexicana *axalli*, cierta arena que servía a los indios para tallar piedras preciosas, y de la lenca *gual*, variante de *guara*, que significa agua, río.

Axurapa. — Pueblo de los del repartimiento de don Pedro de Alvarado. Significa lo mismo que *Achuluapa*. (Véase esta palabra).

Ayapa. — Aldea y río de Yoro, en el departamento de este nombre. Significa en mexicano "en el agua de los ayates". Se compone de *ayatl*, tela, ayate, *atl*, agua, y *pan*, en.

Azacualpa. — Varios pueblos, aldeas, caseríos y lugares de la república tienen aquel nombre, el que lleva de más la primera *a*, debido a que se usa siempre con el artículo *la*, que casi en la pronunciación forma una sola palabra con la que determina: *La sacualpa*. Significa en mexicano, literalmente, "en la pirámide". Se compone de *tzacualli*, pirámide, y *pan*, en. Ningún otro que sepamos ha explicado mejor que el licenciado Robelo la significación que entre los nahoas tenía la palabra que analizamos. He aquí lo que dice el erudito *naguatlato*: "Tzacualpan se compone de *tzacualli*, lo que tapa, oculta o encierra algo, derivado de *tzacua*, "atrapar o cerrar algo" (P. Molina), y de *pan*, en; y literalmente significa: En el encerradero o tapadero. Los *nahoas* construían montículos en forma de conos, de pirámides, de torres, etc., y los dejaban huecos para encerrar joyas, ídolos, objetos del culto y a veces cadáveres. A estos montículos huecos llamaban *tzacualli*. Algunos de estos *tzacualli* eran construidos desde su base con piedra y argamasa y les daban la forma de pirámides escalonadas, y en el jeroglífico de estos ponían al lado de la pirámide un brazo para significar la obra de mano que habían empleado, y para distinguirla de los otros *tzacualli* que formaban aprovechando un cerro o montículo natural. A los pueblos que estaban cerca o alrededor de los *tzacualli*, cuando estos no tenían un nombre propio, como Teotihuacán, Cholula, Xochicalco, etc., les daban el nombre genérico de Tzacualpan, y por eso hay tantos pueblos en la República que llevan este nombre". (Nombres Geográficos Indígenas del Estado de Morelos, página 74).

B

Balaguira. — Terreno del departamento de Intibucá, medido en montañas en 1758 a favor del pueblo de Yamaranguira. Las primeras dos sílabas están por *cualla*, forma abundancial de *qualli*, bueno, y las últimas, *güira, guire, quire*, significan agua, río, en uno de los dialectos de Honduras. Podemos traducir la palabra "agua buena".

Barajana. — En mexicano *Quallalcan*; es nombre de un caserío de Nueva Armenia, en el departamento de Tegucigalpa. Significa "lugar de buenas tierras". Se compone de *qualli*, bueno, *tlalli*, tierra y *can*, lugar. *Barajana* es un mineral antiquísimo.

Barbareta. — Así se llama una de las islas del departamento de las Islas de la Bahía, la cual está al este de la de Roatán, quedando de por medio la de Morat. En algunos mapas de Honduras que tenemos a la vista, se lee Barbarita, en otros Barbarat. Si la palabra pertenece en efecto al *náhuatl*, creemos que la verdadera forma es *Papalotla*, que significa "abundancia de mariposas", por componerse de *papalotl*, mariposa, y la abundancial *tla*.

Barrancaray. — Aldea del municipio de Aguanqueterique, en el departamento de La Paz. Significa "río de los guacales". Se compone de la palabra mexicana *nacalli*, calabaza, y de *ire*, agua, en uno de los dialectos de Honduras. Sobre la sílaba *rran*, proveniente de *lan*, véase *Gualjao*.

Bayaquera. — Pueblo de los del repartimiento de don Pedro de Alvarado. Es lo mismo que *Balaguira* (Véase esta palabra).

Bemblentica. — Terreno situado en la comprensión municipal de Tegucigalpa, y medido en 1666 a favor de Luis Fernández de Córdoba. Significa "lugar de bemblenes" Se compone de bemblén, un árbol elevado cuya madera en rajas venden en los mercados, pero que las cocineras no quieren como combustible, porque arde poco y produce mucho humo; ti partícula ligativa, y can, lugar, Bemblén no puede ser palabra mexicana, porque el azteca no conoce la *b*, á no ser que por la ortografía nos haya sido imposible reconocerla.

Bijao. — Aldea del municipio de Juticalpa, en el departamento de Olancho. Ignoramos a que idioma indígena pertenece la palabra, probablemente a alguno de las Antillas. El *bijao*, al sentir del señor Bachiller y Morales, es una planta cuyas hojas se aplican a usos domésticos y a techos. Nosotros lo escribimos oficialmente con *v*. Hay una aldea en El Corpus, departamento de Choluteca, llamada *Vijagual*.

Bilo. — Pueblo de los que figuran en el repartimiento hecho por don Pedro de Alvarado. La verdadera forma mexicana de la palabra es *huilotl*, que significa "paloma".

Bilutacá. — Pueblo perteneciente a la ciudad de Gracias a Dios y de los repartidos por don Pedro de Alvarado. Significa en mexicano "en el agua de las palomas". Se compone de *huilotl*, paloma *huilota*, *atl*, agua, y *c*, en. Probablemente la sílaba ta fue *la*, forma en que aparece en muchas palabras el sustantivo *atl*, agua.

Burío (El). — Caserío del pueblo de San Isidro, en el departamento de Choluteca. Es el nombre de una planta textil de que se hacen cordeles.

C

Cabaltepet. — Pueblo mencionado en el repartimiento de don Pedro de Alvarado. Significa en mexicano "cerro del abandono". Se compone de *caua*, abandonar, y *tepetl*, cerro. Dice Sahagún que en México hay un cerro, al sur de Tenochtitlán, llamado Caualtepec.

Cacaguapa. — Caserío de San Jerónimo, en el departamento de Comayagua. Significa en mexicano "en el agua del cacao". Se compone de *cacahuatl*, cacao, *atl*, agua, y *pan*, en.

Cacaguara. — Terreno del departamento de Tegucigalpa. Significa "quebrada del cacao". Se compone de la palabra mexicana *cacahuatl*, cacao, y de la lenca *guara*, agua, quebrada.

Cacala. — Caserío del municipio de San Antonio de Flores, en el departamento de El Paraíso. Significa en mexicano "abundancia de cuervos". Se compone de *cacali* o *cacalli*, cuervo, y la abundancial *la*.

Cacalotepe. — Caserío del municipio de San Juan de Flores, en el departamento de Tegucigalpa. Significa en mexicano "cerro del cacalote". Se compone de *cacalotl*, cuervo, cacalote, y *tepetl*, cerro.

Cacamuyá (San Antonio de). — Caserío del municipio de San Marcos, en el departamento de Choluteca. La forma mexicana de esta palabra ha de ser *Cacamayan*, que significa "lugar donde se cazan cuervos", compuesta de *cacali*, cuervo, *maitl*, que representa la acción de tomar, y *can*, lugar. El cambio de la *a* por *u* pudo haberse hecho en lo escrito, y de aquí haber pasado a lo hablado: la terminación *apan* se nota que en algunas palabras se ha convertido en *upe*, *upo*.

Cacasterique. — Pueblo extinguido de Comayagua, que figura en la Nómina de los pueblos de la Provincia de este nombre. Siendo buena la ortografía, significa "cerro del cacaste". Se compone de la palabra mexicana *cacaxtli*, esqueleto, *cacaste*, y nombre también de un pájaro, y la terminación lenca *leringui*, cerro.

Cacaulapa. — Río del departamento de Yoro. Significa en mexicano "en el agua de los cacalotes". Se compone de *cacalotl*, cacalote, *atl*, agua, y *pan*, en. La forma de esta palabra es *Cacaloapan*.

Cacausa. — Aldea del municipio de Curarén, en el departamento de Tegucigalpa. Significa en mexicano "lugar de cacao". Se compone de *cacahuatl*, cacao, y *can*, debilitado en *sa*, lugar. La *c*, convertida en *z* o *s*, se nota en la palabra mexicana *Temohuazan*, por *Temohuacan*. No sería extraño que fuera la palabra mexicana *acaoxitl*, una especie de ungüento.

Cacauterique (Santa Ana de). — Pueblo del departamento de La Paz, situado en una sabana, en medio de la cuesta que hay entre Opatoro y Similatón. Ocupa el lugar que hoy tiene desde el siglo XVII. Antes estaba fundado en el punto que se conoce con el nombre de Quepa a cuatro leguas de distancia del en que ahora está el casco de la población. Significa "cerro del cacao". Se compone de la palabra mexicana *cacahuatl*, cacao, y la lenca *terigui*, cerro. Es posible que el *Cacasterique* de la Nómina sea el mismo *Cacauterique*.

Caguara (La). — Terreno del departamento de Tegucigalpa. A esta palabra la ha sucedido que por usarse siempre con el artículo *la*, *La Caguara*, ha perdido su primera letra, pues el nombre es *Acaguara*, que significa "quebrada de las cañas". Se compone de la palabra mexicana *acatl*, caña, carrizo, y de la lenca *guara*, quebrada.

Caguasca (La). — Montaña que hay entre Honduras y Nicaragua, y que en parte es la línea divisoria entre ambas repúblicas. Significa en mexicano "lugar que tiene cañas". Se compone de *acatl*, caña, carrizo, y *huacan*, partícula posesiva e indicativa de lugar.

Caguasque. — Terreno del departamento de Copán. Es el gentilicio plural de Acaguacan, al que se le ha suprimido la primera *a*: *Acahuaque*.

Caingala. — Pueblo perteneciente a Comayagua, según la Nómina de los pueblos de la Provincia de Comayagua. Significa en mexicano "abundancia de casas de caites" (zapaterías). Se compone de *cactli*, una especie de calzado que usaban y usan los aborígenes, *calli*, casa, y la abundancial *la*. La *n* de la primera sílaba es eufónica, y en cuanto a la permutación de la *c* en *i*, nosotros de *cactli* hemos formado *caite*, mientras que los actuales mexicanos pronuncian *cactle*. En la Geografía del señor Velasco, este pueblo está escrito *Caygalajcalanbala*, y parece que posteriormente, de esta palabra se formó *Gualajambala*, que aparece en el censo del obispo Cadiflanos, levantado en 1791. *Caingala* es también un caserío de Guayape, Olancho.

Calaire. — Caserío del municipio de El Corpus, en el departamento de Choluteca. Significa "río de las casas". Se compone de la palabra mexicana *calla*, reunión de casas, e *ire*, que en uno de los dialectos de Honduras es río, agua.

Calambala. — Pueblo o barrio que estaba unido al de *Caingala* (Véase esta palabra). Significa en mexicano "lugar rodeado de casas". Se compone de *calli*, casa, *Yahualli*, asentadero de olla, y *lan*, lugar.

Cálcamo. — Pueblo extinguido del departamento de Santa Bárbara. En el censo de 1791 aparece como valle. Es la palabra mexicana *cacamotic*, nombre de una especie de raíz, buena para enfermedades de la vejiga.

Calamuya. — Así se llama un lugar donde existen unas ruinas de aborígenes, el cual está en el camino del pueblo de indios de Guajiquiro. Nos parece mala la ortografía de la palabra, en razón de que la *u* de *mu* debe ser una *a*. *Calamayan* significa en mexicano "lugar donde se hacen casas", es decir, "lugar de albañiles". Se compone de *calla*, reunión de casas, *maitl*, que representa la acción de hacer, y *yan*, lugar.

Calpules (Los). — Caserío del municipio de Cedros, en el departamento de Tegucigalpa. Es la palabra mexicana *calpulli* castellanizada, que significa arrabal, barrio, entre otras acepciones; pero en el lenguaje hondureño se designan con aquel término los montículos que han quedado en los lugares donde hubo poblaciones de aborígenes.

Caltato. — Terreno del departamento de Gracias. *Caltato* por *Callaton*, significa en mexicano "reunión pequeña de casas". Se compone de *calla*, reunión de casas, y *ton*, partícula que sirve para formar diminutivos.

Camaguara. — Quebradita que hay al sur de la ciudad de Comayagüela, en el departamento de Tegucigalpa. Significa "agua amarilla". Se compone de la palabra mexicana *camauac*, amarillo, y de la lenga *guara*, quebrada, agua.

Camasca. — Pueblo del departamento de Intibucá. Significa en mexicano "lugar consagrado al dios Camaxtli", es decir, donde se le tributaba culto. Se compone de *camaxtli*, uno de los nombres con los cuales los tlaxcaltecas y los huejotzincas veneraban al dios Huitzilopochtli, y *can*, lugar.

Camulque. — Quebrada del departamento de Gracias. La forma mexicana de la palabra es *camoc*, "en los camotes", pues se compone de camotli*, camote, y c*, en.

Cancigual. — Quebrada del departamento de Gracias. Significa "quebrada de los canciles". Se compone de *cancil*, nombre de un bejuco, y *gual*, agua, quebrada.

Cancire. — Caserío del municipio de Puringla, en el departamento de La Paz. Significa "agua de los canciles". Se compone de *cancil*, nombre de un bejuco, e *ire*, río, agua.

Canguacota (La). — Montaña del departamento de Copán y aldea del municipio de Cololaca, en el departamento de Gracias. Esta palabra no es más que un aumentativo español de *Acahuacan*, que a fuerza de usarse con el artículo *la*, ha perdido su primera sílaba, teniendo de más la *n* de *can*. (Véase *Caguasca*).

Canquigue o Quinquigüe. — Consta en el censo de 1801 que en este lugar de Comayagua había treinta ladinos. *Quinquigüe* está por *Quiquishua*, aféresis de *Aquiquishua*, que significa en mexicano "lugar que tiene carrizos". Se compone de *aquiquisque*, carrizo, y *hua*, partícula posesiva.

Capucal. — Caserío de la ciudad de Santa Rosa, en el departamento de Copán. Es un derivado español de *capuca*, nombre que lleva una palmera. Hay un río en Gracias llamado *Campuca*.

Caratasca. — Laguna de la Mosquitia, en el departamento de Colón. En documentos oficiales se ha afirmado que esta palabra pertenece al idioma zambo y que su forma primitiva es *Caratasua*, que significa "lagarto grande", y que el nombre actual fue dado por los ingleses. Prescindiendo del hecho de que la Mosquitia era bien conocida por los mexicanos, puesto que de ella se dice venían a llevar el oro que necesitaban, y que por consiguiente algún nombre han de haber dado a dicha laguna, tenemos las raíces de la palabra, que no dejan duda sobre su etimología azteca. Significa "laguna de las casas". Se compone de *calli*, casa, y *atezcatl*, charco, y por extensión laguna. Los españoles llamaron a esta laguna *Cartago*, pero ha prevalecido el nombre indígena.

Care. — Pueblo del repartimiento de don Pedro de Alvarado. Como no sabemos dónde estaba situado, ni conocemos tampoco la historia de Cane, pueblo del departamento de La Paz, no podemos afirmar ni negar que *Care* y *Cane* sean uno mismo. Significa en mexicano "abundancia de casas". Se compone de *calli*, casa, y la abundancial *la*.

Catacamas. — Inmediato a la ciudad de Comayagua existía un pueblo con aquel nombre, cuyos habitantes hablaban mexicano. Hoy una ciudad del departamento de Olancho es la única que se llama *Catacamas*. Esta palabra parece ser *Atlacamani*, uno de los nombres que tenía la diosa del agua entre los aztecas, con la última sílaba supresa, y puesta en plural porque, como he observado en otros lugares de este libro, los indios tenían en general la costumbre de llamarse por los nombres de las tribus y no de los pueblos.

Catapet. — Pueblo del repartimiento de don Pedro de Alvarado. Significa en mexicano, según el señor Peñafiel, "pueblo situado en una colina". Se compone de *calli*, casa, *tepetl*, cerro y *c*, en.

Catulaca. — Aldea del municipio de Gracias, en el departamento de este nombre. Significa en mexicano "en el agua de los caltolines". Se compone de *caltollin*, una hierba que se da por forraje a las caballerías, *atl*, agua, y *c*, en.

Caulote. — Aldea de San Isidro, en el departamento de Choluteca, y nombre de algunos caseríos de Yoro, Intibucá y El Paraíso. El *quauhxiotl*, castellanizado por nosotros en *caulote*, es el árbol que en las Antillas llaman *guácima* (Theobroma Guazuma, L., o Guazuma Ulmifolia, Eam). Su traducción es "jiote de árbol". Se compone de las palabras mexicanas *quahuitl*, árbol, y *xiotl*, herpe o *jiote*, como decimos en Honduras.

Caumalla. — Río del departamento de Gracias. Significa en mexicano "lugar donde se cortan árboles". Se compone de *quahutl*, árbol, *maitl*, que representa la acción de cortar, y *yan*, lugar.

Cayaguanca. — Cerro del departamento de Copán. Significa en mexicano "lugar rodeado de casas". Se compone de *calli*, casa, *vahualli*, asentadero de olla o de tinaja, hecho de corteza de plátano o cosa semejante, y *can*, lugar.

Cecatán. — Pueblo que entró en el repartimiento de los pertenecientes a San Pedro Sula y Puerto de Caballos. Significa en mexicano "lugar de hormigas". Se compone de *tzicatl*, hormigas, y *tlan*, lugar.

Cecesmil. — Terreno del departamento de Copán. Significa en mexicano *plantío*. Se compone de *cecelic*, tierno, y *milli*, campo cultivado. Esta palabra forma parte de nuestra habla vulgar, con la acepción de *plantío de maíz prematuro*.

Cegua. — Terreno del departamento de Gracias. Significa *poseedor de espigas de maíz*. Olmedo, citado por Rémi Simeón, escribe *ceua*, y este último le da a la palabra por raíz *centli*, maíz. El otro componente tiene que ser *hua*, que significa "el dueño o poseedor de alguna cosa por el nombre significada". El nombre que analizamos puede ser el gentilicio de *Cehuacan*, entre nosotros *Ceguaca* (véase esta palabra); pero en último resultado la traducción sería la misma. No es remoto que no sea esta la ortografía de la palabra, sino *cigua*, ser fantástico que va desapareciendo de nuestras creencias populares. *Cigua* es el vocablo azteca *cihuatl,* mujer.

Ceguaca. — Pueblo del departamento de Santa Bárbara. Significa en mexicano "lugar de poseedores de espigas de maíz". Se compone de *ceua*, poseedores de espigas de maíz, y *can*, lugar.

Celaque. — Montaña del departamento de Santa Bárbara. Es el gentilicio de *Celac*, que significa en mexicano "en el agua helada o fría". Se compone de *cetl*, helado, *atl*, agua, y *c*, en.

Celilac (Nuevo). — Pueblo del departamento de Santa Bárbara. Antes se llamaba Julcapa. Significa en mexicano "en el agua de los caracolillos". Se compone de *cillin*, caracolillo, *atl*, agua, y *c*, en.

Cenalaca. — Caserío del municipio de San Andrés, en el departamento de Gracias. Significa en mexicano "en el agua de los cenantes". Se compone de *cenantli*, una planta medicinal llamada también *cenamam*, *atl*, agua, y *c*, en.

Cerique. — Montaña del departamento de Gracias, bastante escabrosa y en la que hay mármol blanco. Significa en mexicano "en lo fresco". Se compone de *celic*, fresco, y *c*, en.

Ceriterique. — Cerro del departamento de Intibucá. Significa "cerro fresco". Se compone de la palabra mexicana *celic*, fresco, y la lenca *terigui*, cerro.

Ciguatamagas. — Pueblo del repartimiento de don Pedro de Alvarado. *Cinatlamacazqui*, que al castellanizarse ha perdido su última sílaba, es una palabra mexicana que significa "sacerdotisa". Se compone de *cihuatl*, mujer, y *tlamacasqui*, sacerdote, ministro.

Ciles. — Caserío del municipio de San Pedro, en el departamento de Copán. Significa en mexicano *caracolillos*, porque es el plural de *cilli*, castellanizado, que vale caracol pequeño.

Cinaca. — Terreno del departamento de Santa Bárbara. Es la palabra mexicana *tzinacan*, murciélago.

Cipe. — Nombre de un arroyo del departamento de Olancho. *Cipe* significa "niño enfermo a causa de la mala leche que mama", *tzipitl* es la forma azteca de la palabra. Acerca de esto escribimos en los *Hondureñismos*: "Se dice que el niño está *cipe* cuando contrae no sabemos qué enfermedad a consecuencia de haber mamado la leche de la madre o nodriza que estaban en cinta. El inca Garcilaso afirma que los quichuas conocieron la enfermedad de la *cipencia*, según se ve en lo que trascribimos a continuación: "Mientras criaban se abstenían del coito, porque decían que era malo para la leche y encanijaba la criatura. A los tales encanijados llamaban ayusca, es participio de pretérito, quiere decir en toda su significación, el negado, y más propiamente el trocado por otro de sus padres... Una *palla* de la sangre real conocí, que por necesidad dio a criar una hija suya: la ama debió hacer traición, o se empreñó que la niña se encanijó y se puso como ética que no tenía sino los huesos". Cipe se aplica también a las *tortillas* y tamales que se hacen de maíz *camaua*".

Cipile. — Quebrada que corre al occidente de la ciudad de Comayagüela, en el departamento de Tegucigalpa. Significa "quebrada cipe". Se compone de la palabra mexicana *tzipitl*, cipe, y *li*, agua, quebrada. Este arroyo, cuando cesan las lluvias, queda reducido a uno que otro charco.

Cirilaca. — Caserío del municipio de Virginia, en el departamento de Gracias. Significa en mexicano "en el agua de los caracolitos". Se compone de *cillin*, caracolillo, *atl*, agua, y *c*, en.

Cirín. — Caserío del municipio de La Iguala, en el departamento de Gracias. *Cillin* o *cilli*, en mexicano, significa "caracolillo".

Coa. — Aldea del municipio de Tegucigalpa, en el departamento del mismo nombre. Significa en mexicano "agua de culebra". Se compone de *coatl*, culebra, y *atl*, agua.

Coaca. — Montaña del departamento de Colón. Significa en mexicano "lugar de culebras". Se compone de *coatl*, culebra, y *can*, lugar.

Coapa. — Pueblo del repartimiento de don Pedro de Alvarado. Significa en mexicano "en el agua de la culebra". Se compone de *coatl*, culebra, *atl*, agua, y *pan*, en.

Coato. — Aldea del municipio de Maraita, en el departamento de Tegucigalpa. Significa en mexicano "culebrita". Se compone de *coatl*, culebra, y de *ton*, partícula que sirve para formar diminutivos.

Cocla. — Terreno del departamento de Comayagua. La ortografía mexicana de esta palabra es *Quauhtla*, que significa bosque, desierto, sabana.

Cocona. — Cuesta que es preciso subir para llegar a Siguatepeque, yendo por el camino que parte de Tegucigalpa y pasa por Comayagua. Creemos que esta palabra es la azteca *cocome*, castellanizada, plural de *conell*, niño. De manera que el pueblo se llama "en el cerro de la mujer" (Siguatepeque), y la cuesta que se sube para llegar a él, "cuesta de los niños", *Cocone*.

Coesola. — Terreno del departamento de Comayagua. Significa en mexicano "abundancia de pájaros de pluma rica". Se compone de *quechulli*, pájaro de pluma rica, y la abundancial *la*. Una de las principales ciudades de los popolocas se llamaba *Quechola*.

Colaca. — Caserío del municipio de La Iguala, en el departamento de Gracias. Significa en mexicano "en el agua de los colhuas". Se compone de la primera sílaba de *colhua*, nombre de una tribu mexicana, *atl*, agua, y *c*, en.

Colama. — En la Nómina de los pueblos de la Provincia de Comayagua figura este como perteneciente a Choluteca, el cual ha quedado hoy reducido a una hacienda de ganado. En esta palabra se notan dos componentes: la raíz de *colhua*, nombre de una tribu de México, y *ma*, tomar. La *n*, que indicaría *lugar*, probablemente la tuvo y se perdió. Entonces la traducción es la misma que de Colima da el señor Peñafiel: "lugar conquistado por los colhuas".

Colapa. — Pueblo del repartimiento de don Pedro de Alvarado. Significa en mexicano "en el agua de los colhuas". Se compone de la primera sílaba de *colhua*, nombre de una tribu mexicana, *atl*, agua, y *pan*, en.

Coloal. — Aldea del municipio de San Francisco del Valle, en el departamento de Copán. Significa "río de los colhuas". Se compone de la primera sílaba de *colhua*, nombre de una tribu mexicana, y *gual*, agua, río.

Coloete. — Aldea del municipio de Gracias, en el departamento de este nombre. Significa en mexicano "entre los alacranes". Se compone de *colotl*, alacrán, e *itic*, entre.

Cololaca. — Pueblo del departamento de Gracias. Significa en mexicano "en el agua de los alacranes". Se compone de *colotl*, alacrán, *atl*, agua, y *c*, en.

Cololateca. — Terreno del departamento de Gracias. Es el gentilicio de Colotlán, "lugar de alacranes". La forma azteca de la palabra es *colotecatl*.

Colosuca. — En la Nómina aparece un pueblo con este nombre, perteneciente al partido de Gracias a Dios; pero en la solicitud que dicho pueblo hizo en 1811 para que se busquen los títulos de sus ejidos, dice llamarse *Cosoluca*. La verdadera ortografía de esta palabra mexicana es *Quechollocan*, que significa "lugar lleno de pájaros de pluma rica". Se compone de *quechulli*, pájaro de pluma rica, *lotl*, que equivale a las terminaciones españolas *oso* o *udo*, y *can*, lugar.

Comali. — Aldea del municipio de San Marcos, en el departamento de Choluteca. Significa "río del comal". Se compone de *Comalli*, comal, en mexicano, y *li*, agua, en uno de los dialectos de Honduras.

Comayagua. — Antigua capital de Honduras, situada en el valle de aquel nombre. No sabemos quién por primera vez tradujo Comayagua por "páramo abundante de agua", suponiéndola compuesta de *coma*, páramo, y *agua*, agua, elementos ambos del idioma lenca. Nosotros hemos recogido y publicado los vocabularios de los dialectos de Honduras, y en ninguno de ellos hay tales palabras con las acepciones que se les han atribuido. *Comayagua* es el nacional de *Comalhuacan*, adulterado en *Comallahuacan*, el que, según las reglas del azteca, se ha formado quitando a este último nombre la sílaba *can*. Como se vio escrito *Comallahua*, con dos *eles*, se les dio a estas el sonido de *ll* o *y*, que para nosotros es lo mismo, resultando de esto el *Comayagua* actual. *Comalhuacan* significa en mexicano "lugar que tiene comales". Se compone de *comalli*, disco de barro que sirve para cocer las *tortillas*, comal, y *huacan*, partícula posesiva e indicativa de lugar.

Combalí. — Caserío del municipio de Orocuina, en el departamento de Choluteca. Significa "río del copal". Se compone de la palabra mexicana *copalli*, copal, y de *li*, agua, en uno de los dialectos de Honduras.

Conacaste. — Terreno del departamento de Gracias. La forma azteca de la palabra es *quauhnacaztli*, nombre, de una leguminosa, llamad así porque sus frutos parecen orejas grandes. Se compone de *quahuitl*, árbol, y *nacaztli*, orejas.

Conchagua. — Ensenada perteneciente al departamento de Choluteca, y aldea de El Paraíso, en el departamento de este nombre. Es un derivado étnico de *Conchihuacan*, con una *a* eufónica. Esta última palabra significa "lugar que tiene alfareros". Se compone de *cochiuhqui*, alfarero, y *huacan*, partícula posesiva e indicativa de lugar.

Condega. — Caserío del municipio de Langue, en el departamento de Valle. Es el gentilicio de *Comillan* o *Contan*, una ciudad de México (véase *Conta*). El nombre *Condega*, en azteca *Contecatl*, se lo darían a esta aldea tomándolo de Nicaragua, porque llama la atención que, mientras en Honduras se ha conservado inmutable la terminación *teca*, como se ve en *Choluteca*, *Amarateca*, *Cuzcateca*, allende el río Negro, se ha debilitado en *dega*: *Chinandega*, *Condega*, aunque está *Pozoltega*.

Cones. — Aldea del municipio de Sensenti, en el departamento de Copán. Es el nombre de un árbol de madera muy compacta. No sabemos a qué idioma pertenece la palabra. En San Antonio de Flores, departamento de El Paraíso, hay un caserío llamado *Conal*.

Congolón. — Pueblo del repartimiento de don Pedro de Alvarado, caserío de Gualcince y cerro de Gracias. Es un aumentativo español de la palabra azteca *cocolo*, plural de *colotl*, alacrán.

Conquire. — Caserío del municipio de San Esteban, en el departamento de Olancho. Significa "río de los cocuites". Se compone de *cocuite*, la leguminosa *Robinia sp.*, en mexicano, e *ire*, agua, río, en uno de los dialectos de Honduras.

Conta. — Conta llama el adelantado Alvarado en su repartimiento a un pueblo de Honduras. *Conta* está por *Contlan*, contracción de *Comitlan*, que, al sentir del historiador mexicano señor Orozco y Berra, citado por el señor Peñafiel, significa "lugar de alfareros". *Comitlan* se compone de *comitl*, alfarero, y *tlan*, lugar.

Copalchil. — Montaña del departamento de Cortés. Aquel nombre se da al árbol *Croton eleuteria*. En mexicano *Copaltzin*, castellanizado en *Copalchil* o *Copalchí*; es un diminutivo de *copalli*, copal. Obsérvase también que en otras palabras el sonido *tzi* ha pasado a ser *che* o *chi*: así de *toloatzin*, tapa (datura stramonium), *toloache*, de *tzitzicaztli*, una ortiga, *chichicaste*.

Copán. — Uno de los departamentos de la República, fronterizo con Guatemala. Tomó su nombre de la antigua capital del reino de Hueytlato o Payaqui. Se dice que este reino comprendía parte de Guatemala, Honduras y El Salvador. *Copantl* escribe don José Milla, pero es más probable que la verdadera forma de esta palabra sea *Copantli*. De cualquier modo que sea, las últimas letras han desaparecido. *Copantli* o *Copantl* es el término mexicano *quauhpantli*, que vale *puente de madera*, lo que hoy llamamos *copante*. Que el sonido de *quauh*, primera sílaba de *quahuitl*, árbol, ha pasado a ser *co*, se nota, entre otras palabras, en *Quauhpinolli* (Himenæ courbaril), y *quauhnacaztli* (Enterolobium cycloparpum), que se pronuncian en algunos lugares *copinol* y *conacaste*.

Copante. — Caseríos de Trinidad, Tomalá y Potrerillos, en los departamentos de Copán y Cortés. Sobre la etimología y significación de esta palabra, véase *Copán*. Un terreno del departamento de Comayagua se llama *Copantillo*.

Copinol. — Caserío del municipio de Colomoncagua, en el departamento de Intibucá. La palabra *Quauhpinolli*, con la que se designa el árbol *Himenæ courbaril*, L., es compuesta de *quahuitl*, árbol, y *Pinolli*, maíz reducido a polvo, pinole.

Coral. — Pueblo del departamento de Valle. Es apócope de *Coraire*. Significa "agua de los colhuas". Se compone de *col*, raíz de *colhua*, nombre de una tribu mexicana, e *ire*, agua. En Pespire hay una aldea llamada *Coraicito*.

Corozo. — En Danlí, departamento de El Paraíso, y en Namasigüe, departamento de Choluteca, hay unos caseríos con aquel nombre. El *corozo* es la palmera *coccus crispatus*. La palabra parece ser de las Antillas. En *Cuba Primitivo*, del señor Bachiller y Morales leemos *Corojo, Corojal* y *Corojito*.

Cosengla. — Caserío de Masaguara, en el departamento de Intibucá. Es lo mismo que *Coesola* (véase esta palabra).

Cosonlaca. — Terreno del departamento de Gracias. Significa en mexicano "en el agua de los quauhtzontli". Se compone de *quauhtzontli*, unos adornos de plumas que los capitanes llevaban atados a la espalda, *atl*, agua, y *pan*, en.

Cotalá. — Terreno perteneciente al pueblo de Colomoncagua, en el departamento de Intibucá. Significa en mexicano "abundancia de tierra vegetal". Se compone de *quahuitl*, árbol, *tlalli*, tierra, y la abundancial *la*. Los mexicanos llamaban *quauhtlalli* a la tierra que contiene *detritus* de madera, que es muy fértil y excelente para el cultivo del bledo y del maíz. Los guajiquiros le dicen a la montaña *cotang*, que es lo mismo que el *quauhtlalli* mexicano.

Cotanmile. — Cerro del departamento de Gracias. Significa "montaña cultivada". Se compone de la palabra lenca *cotang*, montaña, y de la mexicana *mille*, campo cultivado.

Cotasiali. — Pueblo extinguido del departamento de Olancho, según la Nómina de los pueblos de la Provincia de Comayagua. Significa "río de las pieles adobadas". Se compone de *cuctlaxtli*, cuero curtido, en mexicano, e *ili*, que en uno de los dialectos perdidos de Honduras vale agua, río. En esta palabra, en Orialí y en alguna otra, hay una *a* eufónica que divide la terminación *ili*. En comprobación de que la sílaba *cue* ha pasado a ser *co*, está la palabra mexicana *Cetlaxtlan*, convertida en *Cotasta*.

Cotongual. — Terreno del departamento de Gracias, medido a favor del pueblo de La Iguala. Significa "río de la montaña". Se compone de *cotang*, montaña, y *gual*, agua, río. Las dos palabras son lencas.

Coyapa. — Río del departamento de Gracias. *Coyoapan* es la forma mexicana de la palabra, que significa "en el agua de los coyotes". Se compone de *Coyotl*, coyote, *atl*, agua, y *pan*, en.

Coyol. — Nombre de unos caseríos de Morolica, Lepaterique y Teupasenti, en los departamentos de Choluteca, Tegucigalpa y El Paraíso, respectivamente. La palabra mexicana es *quauhcoyolli*, el árbol *Bactris vinífera*, que al castellanizarse ha perdido la primera y última sílabas. Otros nombres de lugares de la República llevan el nombre de *Coyol*, *Coyoles*, *Coyolar* y *Coyolito*.

Cuajicalapa. — Pueblo del partido de Gracias a Dios, mencionado en la Nómina de los pueblos de la Provincia de Comayagua. Significa en mexicano "en el agua de los vasos de madera". Se compone de *quauhxicalli*, vaso de madera, *atl*, agua, y *c*, en.

Cuajicamón. — Hacienda del departamento de Gracias. Es un aumentativo español de la palabra mexicana *jícama*, una raíz comestible, a la que se le ha antepuesto la sílaba *quauh*, de *quahuitl*, árbol.

Cualaca. — Terreno del departamento de Copán. Significa en mexicano, según traducción del señor Peñafiel, "en el agua agradable". Se compone de *qualli*, bueno, *atl*, agua, y *c*, en,

Cuca (Joya). — Caserío del municipio de San Marcos, en el departamento de Choluteca. En Guatemala fue donde por primera vez oímos pronunciar este adjetivo, aplicándolo al sustantivo costa: *Costa cuca*. Creemos que esta palabra es la mexicana *cococ*, que entre otras acepciones tiene las de *afligido*, *atormentado*; por lo que se dice de los lugares fragosos, hoy accidentados para algunos. *Cuca*, sustantivo, es el aguardiente clandestino y destilado en ollas.

Cuculi. — Terreno del departamento de Comayagua. *Cuculin* es en mexicano cierta hierba comestible que nace en el agua.

Cucuterique. — Cerro que queda al oeste de la ciudad de Comayagüela, en el departamento de Tegucigalpa. Significa "cerro fragoso". Se compone de la palabra mexicana *cococ*, fragoso, y *terigui*, cerro, en lenca. En este cerro lo que hay es muchas piedras que hacen incómodo el tránsito.

Cucuyagua. — Pueblo del departamento de Copán, situado al oriente del valle de su nombre y a la margen derecha del río Alax o Cucuyagua. Esta palabra tiene la misma terminación de Comayagua y, como en esta, el sonido *ya* es producido por las dos *eles*. El primer componente, *cocolla*, proviene indudablemente del azteca *cocolli*, *querella* o *riña*, y también *cargo, negocio*. Cocolan, un lugar de México, lo traduce el señor Peñafiel por "lugar de riña o de la discordia". El segundo componente es la primera sílaba de *huacan*, partícula posesiva e indicativa de lugar. *Cocollahuacan*, o mejor *Cocolhuacan*, será "lugar que tiene negocios o querellas", es decir, lugar donde hay negocios, o querellas, tal vez lugar de mucho comercio; y *Cocollahua*, convertido por nosotros en *Cucuyagua*, es el gentilicio de *Cocolhuacan*.

Culhuaque. — Aldea del pueblo de Lepaterique, en el departamento de Tegucigalpa. Es el plural gentilicio de *Colhuacan*, cuyo singular es *colhua*.

Cuisca. — Caserío del municipio de Morolica, en el departamento de Choluteca. Significa en mexicano "lugar de espinas". Se compone de *uitztli*, espina, y *can*, lugar.

Culuacan. — Pueblo del repartimiento de don Pedro de Alvarado. Según Rémi Simeón, se dio este nombre a varias localidades célebres en los anales mexicanos. La interpretación que el

58

señor Orozco y Berra hace de *Colhuacan* es: "poseedores de cosas tuertas o torcidas". Se compone de *coltic*, cosa tuerta o torcida, y *huacan*, partícula posesiva e indicativa de lugar.

Cumes. — Río del departamento de Intibucá. El singular de esta palabra significa en mexicano "poseedor de marmitas de tierra". Se compone de *comitl*, vaso de tierra, y la vocal *e*, que se le ha agregado para denotar la idea de posesión.

Cusmacalay. — Que también aparece escrito *Cusmacaru*, es un terreno del antiguo departamento de Gracias. Su verdadera forma azteca es *Comalculaire*, que se traduce "río de la casa de los comales". Se compone de *comalli*, comal, *calli*, casa, e *ire*, agua, río.

Cumupe. — Algunos pronuncian *Ucumupe*, otros *Lucumupe*. Es nombre de un terreno del pueblo de San Buenaventura, en el departamento de Tegucigalpa. Suponiendo buena la primera ortografía, significa en mexicano "en el agua de las marmitas". Se compone de *comitl*, marmita de tierra, *atl*, agua, y *pan*, en.

Cunimisca. — Aldea del municipio de Curarén, en el departamento de Tegucigalpa. Significa en mexicano "lugar de omimestes". Se compone de *omimetztli*, una planta medicinal (os femoris, Hern), y *can*, lugar.

Curarén. — Pueblo antiguo, perteneciente al departamento de Tegucigalpa y situado en la cima de una cuesta, que comienza en un arroyito que tiene por nombre Máguala. La traducción de esta palabra nos ha dado mucho trabajo por la variedad de su ortografía. Las dos *eres* por de contado, que no estaban en la primitiva forma, porque la *r* es desconocida en el alfabeto mexicano. Entonces hay que buscar en las letras afines la que corresponde. En la Geografía de Velasco está escrito *Cunaren*; en la Nómina de los pueblos de la Provincia de Comayagua, relacionados con motivo del cobro de las penas de Cámara (años de 1684 a 1685), se lee *Cusare*; y en el censo levantado el año de 1791 por el obispo Cadiñanos, tiene la forma actual. La verdadera forma, entonces, de *Curarén*, es *Collallan*, que significa "junto a las tierras de los colhuas". Se compone de la primera sílaba de *colhua*, nombre de una tribu mexicana, *tlalli*, tierra, y *lan*, junto, cerca.

Curicunque. — El pueblo de Belén, del departamento de Copán, se llamaba *Curicunque*. La ortografía mexicana de esta palabra es *Callicanque*. *Callican* significa "lugar de casas", y se compone de *calli*, casa, y *can*, lugar. La sílaba *que* ha sido añadida con posterioridad para designar a los habitantes del pueblo: *los calicanques*, convertido últimamente en *Culicunque*.

Cururú. — Pueblo extinguido del departamento de Comayagua (Véase *Guangololo*).

Cuyalí. — Caserío del municipio de El Paraíso, en el departamento de este nombre. Significa "agua de las cuyas". Se compone de *cuya*, una planta de que nos habla Oviedo, y *li*, agua, río, en uno de los dialectos de Honduras.

Cuyamapa. — Río del departamento de Yoro, afluente del Ulúa. Significa en mexicano "en el agua de los jabalíes". Se compone de *cuyametl*, jabalí, *atl*, agua, y *pan*, en.

Cuyamel. — Caserío de Trujillo, en el departamento de Colón. Con esta palabra se designa un pescado, muy abundante en nuestros ríos y especialmente en los del norte, de carne bastante sabrosa. No conocemos el origen de la palabra.

Cuyuculapa. — Sitio del departamento de La Paz. Parece que ha habido en esta palabra trasposición de la sílaba *yu*, siendo la verdadera forma de aquella *Cucuyulapa*, que significa en mexicano "en el agua de los coyotes". Se compone de *quauhcoyolli*, coyol, la planta *Bactris vinífera*, atl, agua, y *pan*, en.

Cuyucontenango. — Cerro del departamento de Gracias. Significa en mexicano "en las murallas de los quauhxocotes". Se compone de *quauhxocotl*, una hierba purgante, *tenamitl*, muralla, y *co*, en.

Cuyulapa. — Terreno del departamento de Colón. Significa en mexicano "en el agua de los coyotes". Se compone de coyol, que es la palabra azteca *quauhcoyolli*, con la primera sílaba suprimida, *atl*, agua, y *pan*, en.

Cuzcateca. — Aldea del municipio de Danlí, en el departamento de El Paraíso. Es el nacional de *Cuzcatlán*. La traducción de esta palabra mexicana es "en los collares". Se compone de *cuzcatl*, collar, y *tlan*, lugar.

CH

Chacalapa. — Terreno del departamento de Colón. Significa en mexicano "en el agua de los camarones". Se compone de *chacallin*, camarón, *atl*, agua, y *pan*, en.

Chacata. — Pueblo del repartimiento de don Pedro de Alvarado. Significa en mexicano "abundancia de hierba". Se compone de *zacatl*, hierba, zacate y la abundancial *tla*. La prueba de que la primera sílaba de *zacatl* se ha pronunciado *cha* o *xa*, está en la palabra *xacalli*, que, contra el parecer de Rémi Simeón, no creemos que su primer componente provenga de *Xalli*, arena, sino de *zacatl*. Si la afinidad de los sonidos no fuere suficiente para apoyar nuestro aserto, está la significación de la palabra *jacal*, que no es "casa de arena", sino *casa de hojas*, tal como las hacen todavía los indios que viven en nuestros desiertos.

Chachaguas (Las). — Caserío del municipio de San Marcos, en el departamento de Choluteca. Es apócope de *chachaguato*, como vulgarmente llamamos al *gemelo*. Se compone de *chacha* (*chachalaca*), aludiendo al canto continuado de estas aves, y *coatl*, culebra.

Chagre. — Terreno del departamento de El Paraíso. Significa "río de la chía". Se compone de la palabra mexicana *chia*, *chian*, chía, y de *ire*, que en uno de los idiomas de Honduras es agua, río. Obsérvese el cambio de la *i* de *ire* en *g*, en *Chagre*, *Payagoagre* y tal vez en alguna otra palabra.

Chagüite. — Aldea del municipio de Yuscarán, en el departamento de El Paraíso. *Pantano* es lo que hace siglos significa entre nosotros esta palabra, a todas luces mexicana. Puede ser una adulteración de *zoquitl*, fango, lodo.

Chalmeca. — Pueblo de la Nómina de los de la Provincia de Comayagua, el cual pertenecía a Yoro. Con aquel nombre hay también un caserío de la ciudad de Yoro. Parece la palabra que analizamos gentilicio de un nombre terminado en *ma* o *man*, como *Chalma* o *Chalman*, que significaría "lugar conquistado por los chalcas". Puede ser lo mismo el término mexicano *chilmecatl*, nombre de una planta medicinal, que ignoramos cuál sea. Uno de los hermanos de *Yacatecutli,* dios del comercio, se llamaba *Chalmecacinatl.*

Chaltepet. — Pueblo del repartimiento de don Pedro de Alvarado. Significa en mexicano "cerro de arena". Se compone de *xalli*, arena, y *tepetl*, cerro.

Chalusca. — Terreno situado en la jurisdicción del pueblo de Trinidad, en el departamento de Copán. Significa en mexicano "lugar cubierto de arena". Se compone de *xallo*, cubierto de arena, y *can*, lugar.

Chamalecón. — Río que nace en la montaña del Gallinero, cordillera del Merendón, del departamento de Copán; se dirige hacia el norte, y después de atravesar los departamentos de Santa Bárbara y Cortés, desemboca en el océano Atlántico. Esta palabra, que pronunciamos como queda trascrita, no tiene terminación que indique ser nombre de río. En el repartimiento de don Pedro de Alvarado se lee *Chamolocon*, pero la forma azteca es *Chamolocan*. Significa "lugar abundante en plumas de papagayo". Se compone de *chamolli*, pluma de papagayo, *lotl*, terminación que sirve para formar nombres abstractos y que en cierto modo equivale a las españolas *oso* o *udo*, y *can*, lugar.

Champernas. — Aldea del municipio de concepción de María, en el departamento de Choluteca. El nombre es el de una planta trepadora, de frutas comestibles asadas. Ignoramos el origen de la palabra.

Chancuaco. — Caserío del municipio de Cedros, en el departamento de Tegucigalpa. Con la forma de *chiancaca* trae la palabra Rémi Simeón, la que significa "mazapán de la tierra".

Chanchinlape. — Terreno perteneciente a un pueblo de Gracias, llamado Cosola. La ortografía de esta palabra ha de ser *Chalchiuhapan*, nombre que daban los mexicanos al oratorio de *Quetzalcóatl*, situado en una isla del río de Tullan. Los componentes de este término son *chalchiuitl*, esmeralda, *atl*, agua, y *pan*, en. *Chanchilape* significa entonces lo mismo que *Chalchuapa*, una población salvadoreña.

Chanques. — Terreno sito en la comprensión municipal de Guarita, en el departamento de Gracias. Es el gentilicio de *Chancan*, "lugar de chías".

Chapoapa. — Contracción de *Chapopoapan*. Pueblo del repartimiento de don Pedro de Alvarado. Significa en mexicano "en el agua de los chapapotes". Se compone de *chapopotli*, un betún o pez, muy oloros, que servía a los mexicanos de incienso, *atl*, agua, y *pan*, en. El *chapapote* fue útil a los españoles para calafatear los buques.

Chapoluca. — Terreno del departamento de Comayagua. Significa en mexicano "lugar lleno de chapulines". Se compone de *chapulin*, langosta, *lotl*, terminación con que se forman en azteca nombres abstractos, y que equivale a las españolas *oso* o *udo*, y *can*, lugar. Varias ruinas indican que este lugar fue ocupado por los aborígenes.

Chapulco. — Uno de los pueblos del repartimiento de don Pedro de Alvarado, y nombre de un caserío del municipio de El Paraíso, departamento de Copán. Significa en mexicano "en los chapulines". Se compone de *chapulin*, langosta, y *co*, en.

Chapulistagua. — Aldea del municipio de Esquías, en el departamento de Comayagua. Significa en mexicano "llanura de los chapulines". Se compone de *chapulin*, langosta, e *ixtlahuatl*, llanura. En este lugar hay ruinas de aborígenes.

Chicalapa. — Nombre de un lugar del departamento de Olancho. Significa en mexicano "en el agua de las jícaras". Se compone de *xicalli*, jícara, *atl*, agua, y *pan*, en.

Chicaltepeque. — Cerro que hay en las inmediaciones del pueblo de Culmí (Dulce Nombre), del departamento de Olancho. Significa "en el cerro de las jícaras". Se compone de *xicalli*, jícara, *tepetl*, cerro, y *c*, en.

Chicuara. — Río del departamento de Intibucá. Significa "río de los jicotes". Se compone de la palabra mexicana *xicotli*, cierta abeja grande y el panal que ella fabrica, y *guara*, que en lenca es agua, río.

Chicuás. — Terreno del departamento de Comayagua. Nos parece una variante de *Chicuara* (véase esta palabra). Existe en mexicano la palabra *chicuace*, que significa "seis".

Chichicaste. — Caserío del municipio de Danlí, en el departamento de El Paraíso. Este caserío ha tomado su nombre de la ortiga llamada por los aztecas *tzitzicaztli*. El sonido *tzi* lo hemos convertido en *chi*. La planta la utilizaban los indios para curar enfermedades del cuello.

Chichicasapa. — Caserío del municipio de Juticalpa, en el departamento de Olancho. Significa en mexicano "en el agua de los chichicastes". Se compone de *tzitzicaztli*, la planta *Urtica urens, atl*, agua, y *pan*, en.

Chichiguas. — Caserío del municipio de El Corpus, en el departamento de Choluteca. *Chichiua* es la forma mexicana de la palabra, y significa "nodriza". También hay una planta de frutos amarillos que lleva aquel nombre.

Chichinalguaca. — Terreno del departamento de Olancho. Suprimiendo la *l*, de más, como lo está en muchos de los nombres geográficos que analizamos, nos queda *Chichinaguaca*, que en mexicano significa "junto a los perros", por componerse de *chichi*, perro, y *nahuac*, junto, cerca. Si la *n* proviene de una *u* mal hecha, la palabra significaría "lugar de chichinalquahuitl", siendo entonces sus elementos, la palabra mexicana que se acaba de decir, con la que se designa un árbol cuya madera servía a los indios para hacer una bebida, y la posposición *can*, lugar.

Chilamate. — Caserío del municipio de Duyure, en el departamento de Choluteca. Con este nombre, de origen mexicano y compuesto de *chilli*, chile, y *amatl*, amate, se conoce la euforbiácea *hipomane biglandulosa*.

Chilapa. — Caserío del municipio de Catacamas, en el departamento de Olancho. Significa en mexicano "en el agua de los chiles". Se compone de *chilli*, chile, *atl*, agua, y *pan*, en.

Chililenga. — Terreno del departamento de Yoro. Significa en mexicano "en el agua de los chiles". Se compone de *chilli*, chile, *atl*, agua, y *c*, en.

Chilinchuchite. — Paraje citado en el título del terreno de Nagarejo, de la comprensión municipal de Nacaome, en el departamento de Valle. La palabra azteca es *Xiloxochitl*, que significa "flor cabelluda". A la planta que la produce y a la flor misma les decimos también *quilinchuche*.

Chilistagua. — Montaña del departamento de Yoro. Significa en mexicano "llanura de chiles". Se compone de *chilli*, chile, e *ixtlahuatl*, llanura.

Chimilcas. — Caserío del municipio de Santa Rita, departamento de Copán. Significa en mexicano "lugar de plantíos de chile". Se compone de *chilli*, chile, *milli*, campo cultivado, y *can*, lugar. El habitante de *Chilmilcan* es *chilmilca*.

Chinacla. — Pueblo de indios, del departamento de La Paz, situado en el lugar que tiene por nombre *Choacapa*. En la Geografía de Velasco está escrito *Xinacla*. Significa en mexicano "abundancia de almácigas". Se compone de *xinachtli*, almáciga, y la abundancial *tla*.

Chinamita. — Río del departamento de Copán, que lleva sus aguas al Chamelecón. Significa en mexicano "abundancia de cercados". Se compone de *Chinamitl*, cercado, y la abundancial *tla*.

Chinda. — Pueblo del departamento de Santa Bárbara, situado en la margen izquierda de río Ulúa. Ya existía en 1684. *Chinda* está por *chinta*, *chita*, apócope de *Chitatli*, que en mexicano significa "red".

Chindona. — Pueblo antiguo del partido de Olancho, de los de la Nómina de los pueblos de la Provincia de Comayagua. *Chitlon*, apócope de *chiltontli*, es un *mosquito*, en mexicano, palabra a la que se ha agregado *atl*, agua. Así es que todo lo traduciremos "agua de los mosquitos".

Chiquilá. — Aldea del municipio de Macuelizo, en el departamento de Santa Bárbara. Significa en mexicano "abundancia de jiquilite". Se compone de *Xiuhquilitl*, jiquilite, y la abundancial *la*. En el repartimiento de don Pedro de Alvarado está escrito *Chiquilar*.

Chiquinguara. — Río del departamento de La Paz. Significa "río de los carrizos". Se compone de la palabra mexicana *chiquiuitl*, carrizo para hacer canastos, y la lenca *guara*, agua, río.

Chiquistepe. — Contracción de *Chiquilichtepetl*. Caserío del Valle de Ángeles, en el departamento de Tegucigalpa. Significa en mexicano "cerro de la cigarra". Se compone de *chiquilichtli*, cigarra, y *tepetl*, cerro.

Chocuera. — Pueblo del repartimiento de don Pedro de Alvarado. Significa "río de las frutas". Se compone de la palabra mexicana *Xocotl*, fruta, y también *jocote* (spondias), y *guara*, agua, río, en lenca. Puede ser el primer componente *xococ*, agrio, *juco*.

Choloma. — Montaña y río del departamento de Cortés. Significa en mexicano "agua del maguey". Se compone de *xolometl*, maguey, y *atl*, agua. *Choloma* es de las poblaciones que don Pedro de Alvarado repartió.

Choluteca. — Cabecera del departamento del mismo nombre, situado en una hermosa localidad, a orillas del río Choluteca. *Chololteca*, que es la verdadera ortografía de esta palabra, es el plural gentilicio de *Chololan*, una ciudad de México, llamada hoy Cholula, notable por un gran templo consagrado a *Quetzalcóatl*. Los *chololtecas* se dedicaron al comercio, y en el ejercicio de esta industria llegaron a nuestra costa sur y fundaron a Choluteca, que es ciudad antigua, anterior a la conquista.

Chucuyuco (San Francisco). — Pueblo del departamento de Copán, situado en una extremidad del valle de Sensenti y al sur del pueblo de este nombre, cerca del río Venta. Significa en mexicano "en las acederas". Se compone de *xocoyotl*, acedera, *socoyote*, y *c*, en. La ortografía de esta palabra ha variado entre *Chicayuco*, *Chucuyuco* y *Jocoyuco*.

Chuctal. — Terreno del departamento de Gracias. Esta palabra significa "nance o nanche" (Byrsonima cotinifolia, H. B. K.), en el dialecto de Goajiquiro. Los indígenas pronuncian *chuital*, o mejor *shuital*, dándole a la sh la pronunciación inglesa.

Chullguera. — Terreno del departamento de Gracias. Significa "agua de los chiles". Se compone de *chilli*, que en mexicano es chile, y *guara*, agua, en lenca.

Chucuit. — En la Geografía de Velasco se registra este nombre como de un pueblo de Honduras. No sabemos dónde quedaba *Xioquahuitl*, que hoy pronunciamos *jiñicuite*, unos, y *jiñicuao*, otros, es una especie de copal (Terebintas americana). Se compone de *xiotl*, herpe, *jiñote*, y *quahuitl*, árbol. En otros lugares de América llaman a este árbol "palo jiote, indio desnudo".

Chuche. — Aldea o caserío del departamento de Santa Bárbara, olvidado en los últimos documentos oficiales publicados por la Dirección General de Estadística. La forma azteca de esta palabra es *xochitl*, flor. La suponemos apócope de *Chuchitepeque*, pueblo antiguo de Honduras.

Chuchitepeque. — Pueblo que ya existía cuando el repartimiento de don Pedro de Alvarado. En este documento está escrito *Suchipetel*. Significa en mexicano "en el cerro de las flores". Se compone de *xochitl*, flor, *tepetl*, cerro, y *c*, en.

Chivana. — A esta aldea de Omoa, en el departamento de Cortés, la llamaba el adelantado Alvarado *Chapanapa*. Puede ser *Chiapan*, "en el agua de la chía", compuesto de *chia*, la planta así llamada, *atl*, agua, y *pan*, en. *Chivana es también un río.*

D

Damajuao. — Terreno del departamento de Olancho. Nombre de un árbol de corteza textil que abunda en nuestros bosques. Por su terminación parece mexicana esta palabra, cuya forma será *yamaquahuitl* o *yamalquahuitl*. El componente *quahuitl*, árbol, se convierte en *cuao*, como en *jiñicuao*, *tapachcuao*; y de *cuao* ha pasado a *juao*. En las Antillas, y aun aquí, le dicen al árbol *damajuana*.

Danlí. — Ciudad del departamento de El Paraíso. Parece haber sido fundada a mediados del siglo XVIII. La traducción de esta palabra nos ha hecho meditar mucho, por la primera letra con que comienza, *d*, que no existe en el abecedario azteca. Aunque la letra afín de la *d* es la *t*, nos parece que en principio de dicción aquella sustituye a la *y*; la prueba de ello está en el vulgo, que pronuncia *Danuario* por *Yanuario*. Al examinar la palabra *Duyusupo* expondremos otra razón en apoyo de nuestro parecer. La *n* que está en medio, podemos no tomarla en cuenta, por la costumbre, no sé si de nosotros o de los indígenas, de poner o quitar dicha letra, la *r*, *l*, o *s*, al concluir una sílaba inicial o del cuerpo de una palabra. Así que concluimos que *Danlí* está por *Yalli* o *Xalli*, que es lo mismo, y significa "agua de arena" (que corre por un lecho de arena, se entiende); y se compone de la dicción mexicana *xalli*, arena, y *li*, que en uno de los dialectos de Honduras es agua, quebrada.

Daralta. — Quebrada del departamento de Choluteca. Significa en mexicano "dentro de la arena". Se compone de *xalla*, forma abundancial de *xalli*, arena, e *itic*, dentro.

Duyure. — Pueblo del departamento de Choluteca, contiguo a la frontera de Nicaragua. Significa en mexicano "quebrada de los yoyotes". Se compone de la palabra mexicana *yoyotl*, la planta *Jatropha triloba*, Moc. et Sess., y *li*, agua, quebrada, en uno de los dialectos de Honduras.

Duyusupo. — Nombre de un terreno del departamento de Choluteca, a orillas del cual pasa la línea divisoria con Nicaragua.

Para la interpretación de esta palabra y para comprobar lo que antes dijimos, que la *y* inicial se ha convertido en *d* en uno de los expedientes de medida de este sitio, aquella palabra está escrita con *y*: *Yuyusupo*. Significa en mexicano "en el agua de los yolosuches". Se compone de *yolloxochitl*, la planta *magnolia glauca*, Moc. et Sess., *atl*, agua, y *pan*, en. El *yolosuche* es un arbusto de flor blanca, en forma de corazón y muy olorosa. Los mexicanos utilizaban las semillas en infusión para curar la epilepsia.

E

Eguaco. — Pueblo extinguido de Comayagua, de la Nómina de los pueblos de la Provincia de este nombre. Significa en mexicano "en los patios". Se compone de *ithualli*, patio o corral, y *co*, en.

Emituca. — Caserío del municipio de Curarén, en el departamento de Tegucigalpa. *Emiltoncan* significa en mexicano "en los frijolarcitos". Se compone de *emille*, terreno sembrado de frijoles, *tontli*, terminación para formar diminutivos, y *can*, lugar.

Eramola. — Con este nombre es conocido un cerro del departamento de Gracias. Creemos que esta palabra está por *Quilamolla*, que en mexicano significa "abundancia de quilamol". Se compone de *quilamolli*, una planta que servía de jabón a los aborígenes (Schizocarpum filiforme, Schrad.), y la abundancial *la*.

Erandique. — Pueblo del departamento de Gracias. Antes estuvo situado al oeste del cerro de Corquín, y hoy en una localidad plana, al pie del de la Azacualpa. El nombre Erandique por primera vez aparece en la Nómina de los pueblos de la Provincia de Comayagua, por lo que, aunque de indígenas, tal vez es posterior a la conquista. Significa en mexicano "en los alisos". Se compone de *ili*, aliso, la ligadura *ti* y *c*, en.

Erila. — Pueblo de Honduras, según el geógrafo señor Velasco (Véase Ilila).

Escayolapa. — Pueblo del repartimiento de don Pedro de Alvarado. Significa en mexicano "en el agua de los iscayos". Se compone de *ichcayo*, una planta medicinal así llamada, *atl*, agua, y *pan*, en. La palabra es entonces *Yscayoapa*.

Egoagara. — Pueblo extinguido que aparece como de Honduras en la Geografía de Velasco. Significa en mexicano "abundancia de pellejerías". Se compone de *chuatl*, pellejo, *calli*, casa, y la abundancial *la*.

Escuapa. — Caserío del municipio de Danlí, en el departamento de El Paraíso. Significa en mexicano "en el agua de los árboles de sangre de drago". Se compone de *ezquahuitl*, el árbol *croton draco*, Cham. et Schl., *atl*, agua, y *pan*, en.

Espabeles. — Caserío del municipio de Concepción de María, en el departamento de Choluteca. Es el nombre de un árbol.

Esquías. — Pueblo del departamento de Comayagua, fundado hace como un siglo. Su nombre lo ha tomado de un árbol, de corteza blanca o roja, por lo que, refiriéndose a él, siempre se dice *esquía blanca, esquía colorada*.

Esquingual. — Caserío del municipio de La Iguala, en el departamento de Gracias. La palabra es *Lesquingual*, que significa "río de los liquidámbares". Se compone de *lesquín*, liquidámbar, y *gual*, agua, río, en uno de los dialectos de Honduras. Una variante del término que analizamos es Espingual, nombre de un terreno de Gracias.

Erayocla. — Terreno del departamento de Gracias. Significa en mexicano "abundancia de calabazas comestibles". Se compone de *quilitl*, verdura, *ayotli*, calabaza, y la abundancial *tla*. La calabaza comestible es la que nosotros llamamos *ayote*. A la jagua se le dice *Irayol*; pero no creemos que esta palabra sea el primer elemento de la que analizamos porque, según las reglas de composición del mexicano, la sílaba *cla*, que representa a la posposición *tla*, sería *la*, por no poder existir el sonido de *t* entre dos *eles*. En el anuario aparece un río, perteneciente a Intibucá, con el nombre de Erayoeala, que es el mismo Erayocla, a orillas del cual ha de haber estado el pueblo.

Estupiltepe. — Pueblo de los del repartimiento de don Pedro de Alvarado. Esta palabra se compone de *eztli*, sangre, *topilli*, alguacil y *tepetl*, cerro; significa entonces en mexicano "cerro del alguacil de sangre", es decir, del encargado de sacrificar a los criminales condenados a la pena capital; o tal vez aluda a un lugar donde se ultimaba a estos mismos reos.

Euate. — Caserío de San Andrés, en el departamento de Gracias. *Ehuatl* es palabra simple, que significa en mexicano "cuero, piel".

Eutelí. — Caserío del municipio de Orocuina, en el departamento de Choluteca. Significa "agua del jaspe". Se compone de la palabra mexicana *eztetl*, una clase de jaspe que sirve para contener la hemorragia, y *li*, agua. Así es que la verdadera forma de la palabra es *Eztelí*, tal como pronuncian en Nicaragua.

G

Gavilantepe. — Cerro de la comprensión municipal de Tegucigalpa, en el departamento del mismo nombre. Significa "cerro del gavilán". Se compone de la palabra española *gavilán*, y de la mexicana *tepetl*, cerro.

Gilgarapis. — Terreno del antiguo departamento de Gracias. Significa en mexicano "jicarilla". Se compone de *xicalla*, forma abundancial de *xicalli*, jícara, y la terminación de diminutivo *pil*.

Guacabasque. — Pueblo del repartimiento de don Pedro de Alvarado. Es el plural gentilicio de Guacalhuacan (Véase *Guacaguaca*).

Guacacingo. — Pueblo del repartimiento de don Pedro de Alvarado. Significa en mexicano "Guacán pequeño". Se compone de *Guacán*, un pueblo de Honduras, y la terminación de diminutivo *tzinco*.

Guacaguaca. — Río del departamento de Gracias. Significa en mexicano "lugar que tiene guacales". Se compone de *uacalli*, la mitad del fruto de la planta *crescencia cujete*, Linn., y *huacan*, partícula posesiva e indicativa de lugar.

Guacales. — Caserío del municipio de El Corpus, en el departamento de Choluteca. *Uacalli*, o *guacal*, como pronunciamos en Honduras, es la mitad del fruto de la planta *crescencia cujete*, Linn.

Gualló. — Caserío de San Marcos, en el departamento de Choluteca. Es el nombre de un arbusto. Hay otro caserío llamado *Guailo*, en Liure, departamento de El Paraíso.

Guaimaca. — Pueblo del departamento de Tegucigalpa, situado en la margen izquierda del río Jalán Antes estuvo en la otra banda. Desde que repartió este pueblo, u otro del mismo nombre, don Pedro de Alvarado, consta que tiene la *i* de la primera sílaba; causa por la que suponemos que la forma mexicana de la palabra es *Ueyamacan*, que significa "lugar de grandes amates". Se compone de *uey*, grande, *amatl*, amate, y *can*, lugar. Hay algunas de estas higueras en puntos inmediatos al pueblo.

Guaimoreto. — Nombre de una laguna que queda una legua al oriente del puerto de Trujillo. Leemos en una nota que hay en la *Historia del Territorio de Costa Rica*, por Peralta, que la comarca de Trujillo, al oeste del río Aguán, se llama *Guaymura*. Esta palabra es *Hueimollan*, con que era conocido antes Honduras. *Guaimoreto* es un diminutivo de *Guaimura* (Véase *Hueimollan*).

Guajiala. — Río del departamento de Copán, afluente del Lempa. Significa "río de los guajes". Se compone de *naxin*, *guaje*, una calabaza o una leguminosa, en mexicano, y *uala*, *guala*, río, en lenca.

Guajiniquill. — Varios caseríos de la República tienen el nombre de esta leguminosa, que es la *Mimosa inga* de Linn., o la *inga jinicuil*, Schl. En azteca *Quahxiniquili*. Un terreno del departamento de La Paz es conocido por *Cojunicuil* y *Cojinicuil*.

Guajinlaca. — Pueblo extinguido del departamento de Gracias, que figura en el censo del obispo Cadiñanos. Significa en mexicano "en el agua de los guajes". Se compone de *uaxin*, una leguminosa, *atl*, agua, y *c*, en. Como entre algunos escritores de la América Central hay duda acerca del *guaje*, trascribimos lo que sobre él dice un autor distinguido: "Hay dos clases de *huajin* o *guaje*: el fruto de la *crescencia cujete*, L., que se llama también calabazo, el cual, ahuecado, sirve para hacer los utensilios domésticos llamados tecomates, y sin ahuecar y pintados de diversos colores, sirven de juguete a los niños; el de la segunda clase es el fruto de una planta leguminosa, *acacia esculenta*, L., comestible que consumen mucho los indios".

Guajiquiro. — Pueblo del departamento de La Paz. Se asegura que la fundación de él es anterior a la conquista, y por consiguiente, sus habitantes pertenecen a la raza indígena. Significa "río de los guajes". Se compone de la palabra mexicana *uaxin*, una leguminosa, y *quire*, agua, río.

Guajirí. — Chorrera de agua que hay en el municipio de Comayagüela, del departamento de Tegucigalpa. Significa "agua de los guajes". Se compone de *uaxin*, una leguminosa, en azteca, e *ire*, agua, en uno de los dialectos de Honduras.

Guajoco. — Vertiente de buena agua, que hay en las inmediaciones de Tegucigalpa, al norte, al pie del cerro de Zapusuca. Esta palabra es la azteca *quauhxocotl*, nombre de una hierba cuya raíz es purgante, según Hernández. Los componentes del vocablo son *quahuitl*, árbol, y *xocotl*, fruto.

Gualabarca. — Terreno del departamento de Gracias. Significa en mexicano "lugar que tiene buenas tierras". Se compone de *cualli*, bueno, *tlalli*, tierra, y *huacan*, partícula posesiva e indicativa de lugar.

Gualaco. — Pueblo del departamento de Olancho, situado en un extenso y fértil valle, que tiene el mismo nombre. Ya existía en 1684. Significa en mexicano "en las buenas tierras". Se compone de *cualli*, bueno, *tlalli*, tierra, y *co*, en.

Gualacomuaca. — Terreno del antiguo departamento de Gracias. Significa en mexicano *Quauhcamocan*, que es la forma de esta palabra, "lugar de cuacamotes". Se compone de *quauhcamotli*, una raíz comestible, y *can*, lugar.

Gualala. — Pueblo antiguo de indígenas. Está situado en el departamento de Santa Bárbara, y su fundación es anterior a la conquista. Significa en mexicano "abundancia de buenas tierras". Se compone de *cualli*, bueno, *tlalli*, tierra, y la abundancial *la*.

Gualamolaca. — Río del departamento de Intibucá. Significa en mexicano "en el agua de los cuamoches". Se compone de *quamochitl*, un árbol espinoso, *atl*, agua, y *c*, en.

Gualcan. — Pueblo del repartimiento de don Pedro de Alvarado. Significa en mexicano "lugar de espigas de maíz tierno". Se compone de *ouatl*, espiga de maíz tierno, y *can*, lugar.

Gualcarque. — Río del departamento de Intibucá. Es gentilicio de *Guacan*, como había costumbre de formarlos antes: de *Posta*, *Postaques*; de *Guacan*, *Guacaques*, y después *Gualcarques*. (Véase *Gualcan*).

Gualcimaca. — Terreno del departamento de Copán. La forma de la palabra es *Uaximacan*, que significa en mexicano "lugar donde se cortan guajes". Se compone de *uaxin*, una leguminosa, *ma*, que representa la acción de tomar, y *can*, lugar.

Gualcince. — Caserío del municipio de Valladolid, en el departamento de Gracias. Es también nombre de un río. Significa en mexicano "guajecitos". Se compone de *uaxin*, una leguminosa, y la terminación de diminutivo *tzin*. Esta palabra la hemos visto escrita *Gualxixe*, lo que confirma nuestra etimología.

Gualciquire. — Río del departamento de Copán. Lo mismo *Guajiquiro* (Véase esta palabra).

Gualciras. — Terreno del departamento de Gracias. Por la forma de esta palabra como que se aplicaba a una tribu: los *gualciras*. Estos serían los habitantes de *Gualciri*, o propiamente de *Uaxiri*, que significa "río de los guajes", pues se compone de la palabra mexicana *uaxin*, una leguminosa, e *iri*, agua, río, en uno de los dialectos de Honduras.

Gualcha. — Pueblo del repartimiento de don Pedro de Alvarado, y hoy una aldea de Sensenti. Significa en mexicano "casa de los encinos", si se acepta la ortografía del adelantado, quien escribió *Aguacha*. Se compone de *ahuatl*, encino, y *chan*, apócope de *chantli*, casa.

Gualiqueme. — Caserío del municipio de Danlí, en el departamento de El Paraíso. *Equimitl* llamaban los aztecas al árbol *Erythrina corallodendrum*, que les servía de poste para colgar las cabezas de las víctimas. Nosotros nombramos esta planta anteponiéndole la sílaba *quauh*, de *quahuitl*, árbol.

Guaijagua. — Terreno del departamento de Gracias. La forma azteca es *Guajihua*, derivado étnico de *Guaxihuacan*, "lugar que tiene guajes".

Gualjao. — Terreno del departamento de Gracias. Significa en mexicano "espiga de maíz seco". La palabra es *ouaquahuitl*. La corrupción de estos nombres geográficos llega a tanto que, no bastando la *l* puesta a la sílaba *gua*, todavía le agregaron a la *l* una *a*, y así aparece aquella palabra escrita a veces *Gualajao*.

Gualjipa. — Aldea del municipio de La Unión, en el departamento de Copán. Significa en mexicano "en los guajes". Se compone de *uaxin*, una leguminosa, y *pan*, en.

Gualjoco. — Aldea del municipio de Santa Bárbara, en el departamento de este nombre. Es lo mismo que *Guajoco* (véase esta palabra).

Gualjuí. — Terreno del antiguo departamento de Gracias. Significa en mexicano "árbol". La forma de la palabra es *Quahuitl*.

Gualmoaca. — Pueblo del repartimiento de don Pedro de Alvarado. Es una contracción de *quauhcamoac*, que significa en mexicano "en el agua de los camotes". Se compone de *quauhcamotli*, camote, *atl*, agua, y *c*, en. Este pueblo aparece todavía en el censo del obispo Cadiñanos de 1791.

Gualora. — Caserío de Amapala, en el departamento de Valle. Significa en mexicano "abundancia de cuaoles". Se compone de *quauholli*, una planta que sirve para curar enfermedades de los ojos, y la abundancial *la*.

Gualniccarasque. — Quebrada del departamento de Gracias. Es plural gentilicio de *Quauh*, "en el agua de los vasos de madera". Esta última palabra se compone de *quauhxicalli*, vaso de madera, *atl*, agua, y *c*, en.

Gualtaya. — Aldea del municipio de Cucuyagua, en el departamento de Copán. Es una forma de *Guatalla*, en que a las *eles* se les ha dado el sonido de *y*, como se acostumbra en nuestra habla vulgar. Significa lo mismo que *Guata* (véase esta palabra).

Guamajulque. — Caserío del municipio de Gracias, en el departamento del mismo nombre. Es la palabra mexicana *quauhamaxocotl*, o con más propiedad *amaxocoquahuitl*, que significa "morera". Se compone de *amaxocotl*, mora, y *quahuitl*, árbol.

Guancapla (San Miguel). — Pueblo del departamento de Intibucá, situado en una localidad plana, cuya fundación remonta al año de 1589. Significa en mexicano "en los guacales". Se compone de *uacalli*, el árbol *crescencia cujete*, Linn., y *pan*, en.

Guandulaja. — Ojo de agua que hay en el departamento de Gracias. Significa en mexicano "en el agua de los gavilanes". Se compone de *quauhtlotli*, gavilán, *atl*, agua, y *c*, en.

Guangololo. — Quebrada que queda cinco leguas al noroeste de la ciudad de Tegucigalpa, y nombre de otra que hay en el departamento de La Paz. Imposible nos ha sido averiguar la etimología de esta palabra, lo mismo que la de *Cururu* (*Cololo*), que también es lo mismo, suprimida la sílaba *Guan*, que es *Quauh*. Sin embargo, no abrigamos duda que *Quauhcololo* es un árbol (en México hay *Pancololotl*) que, o se ha perdido, u hoy es conocido con otro nombre.

Guanluche. — Caserío del municipio de San Francisco, en el departamento de Gracias. Es la palabra mexicana *quauhxochitl* castellanizada, parásita que crece sobre los árboles, la que no hemos identificado. Sus componentes son *quahuitl*, árbol, y *xochitl*, flor.

Guanquivilaca. — Caserío del municipio de Iriona, en el departamento de Colón. Significa en mexicano "en el agua del bledo". Se compone de *quauhquilitl*, bledo, *atl*, agua, y *c*, en.

Guansapa. — Caserío del municipio de Curarén, en el departamento de Tegucigalpa. Significa en mexicano "en el agua de los guajes". Se compone de *uaxin*, una leguminosa, *atl*, agua, y *pan*, en.

Guapinolapa. — Sitio del departamento de La Paz. Significa en mexicano "en el agua de los guapinoles". Se compone del *Quauhpinolli*, el árbol *Himenæ courbaril*, Linn., *atl*, agua, y *pan*, en.

Guaquincora. — Caserío del municipio de Virginia, en el departamento de Gracias. Significa "quebrada de los bledos". Se compone de *quauhquilitl*, bledo, en mexicano, y *cora*, una forma de *guara*, agua, quebrada, en uno de los dialectos de Honduras.

Guarabuquí. — A unas cuatro casas ha quedado reducido este pueblo, que como tal figura en la Geografía de Velasco. El caserío a que nos referimos pertenece al municipio de Orica, en el departamento de Tegucigalpa. La forma de esta palabra nada tiene que parezca nombre geográfico. Se notan en ella dos componentes que son: *guala*, nombre de una tribu de indígenas de Honduras, y *pouhqui*, que en mexicano significa perteneciente. Guarabuquí, será, pues, "perteneciente a los gualas".

Guaraguastaca. — Al este de Tegucigalpa, como a un cuarto de legua de distancia, existe el lugar cuyo nombre encabeza estas líneas. La traducción de las palabras, en que el primer componente es *uala*, nos ha dado gran trabajo: cuando está al fin, con esta forma, la de *ual*, *gual*, *uara*, *guara*, ya sabemos que pertenece al dialecto de Guajiquiro, y que vale río, quebrada, arroyo, y en general agua. Volviendo a nuestro *Guaraguastaca*, tenemos en él cuatro elementos mexicanos: *uala*, *huas*, *atl*, agua, y *c*, en. Entre las tribus de Honduras menciona el padre Vásquez en sus *Crónicas* a los *gualas*, que son diferentes de los *lencas*, porque también mienta a estos. Varios nombres tenemos en que entra el *uala*, tales como *Guarabasque, Gualala, Gualaco, Guarabuquí, Guaralape*, etc. La traducción que consignamos, de *cuala* o *uala*, en *Cualaca*, fue sobre la autoridad de los señores Orozco y Berra y Peñafiel; pero no nos parece que de siempre buenos resultados. El padre Vásquez dice que *guala*, en mexicano, significa "daca", esto es enteramente inaceptable como elemento para la composición de nombres geográficos. El *atl*, agua, que en composición queda reducido a *a*, en los nombres geográficos de Honduras esta *a* se convierte en *la*, como en *Guajinlaca = Uaxin + (l) + a + c*; otras veces este *la* no puede traducirse por agua, y parece puesto como teniendo a la vista otras palabras que la llevan, aunque teniendo en estas una significación efectiva; tales como *Comayagua = comal + (la) + hua*; *Apacilagua = Apaztzin + (la) + hua*. Lo que acabamos de expresar, como fruto de nuestra observación, nos ha sugerido la idea de que el *la* puede no traducirse en las palabras en que entre este compente; quitada de *guala* esta sílaba, nos queda *ua = ouatl*, espiga de maíz todavía tierno, es decir, nuestro *guate*. Los *gualas* llevarían este nombre porque en las palabras con que designaban sus pueblos era el *guala* un elemento principal, del mismo modo que habiendo varias localidades cuyo nombre comenzaba con *Apaztzin*, a los que vivían en ellas les dijeron *apacinas*; no así a los *alaucas*, porque no habiendo más que un pueblo llamado Alauca, de este tomaron su nombre los habitantes de él. Así que *Guaraguastaca* podemos suponerlo compuesto de *ouaquahuitl*, espiga de maíz seco, *atl*, agua, y *c*, en; y lo traduciremos "en el agua de las espigas de maíz seco".

Guaralape. — Caserío del municipio de La Paz, en el departamento del mismo nombre. Significa en mexicano "en el agua de las tierras buenas". Se compone de *cualli*, bueno, *tlalli*, tierra, *atl*, agua, y *pan*, en.

Guarisama. — Aldea del municipio de Manto, en el departamento de Olancho. Significa en mexicano "amate prieto". Se compone de *quahutl*, árbol, e *itzamatl*, amate prieto.

Guarquerendi. — Quebrada del departamento de Gracias. Esta palabra nada tiene de nombre geográfico, y tantas letras hay de más en ella, que cuesta reconocerla. Quitando la primera *r* y la *n*, nos queda *Guaqueredi,* y permutando las dos *ees* en sus respectivas *ies*, la *d*, que no pertenece al idioma mexicano, en *t*, y la *r* en *l*, resulta *Guaquiliti*, es decir, *quauhquilitl*, que en azteca es un bledo silvestre que los indios sentían mucho gusto al comérselo hervido.

Guaruma. — Aldea del municipio de Concepción de María, en el departamento de Choluteca. Con esta palabra se designa el árbol *Panax undulata*. Ignoramos el origen de *Guaruma*. Hay otros lugares de la República que se llaman *Guarumal*.

Guasabasque. — Pueblo del partido de Gracias a Dios, en la Nómina de los pueblos de la Provincia de Comayagua. Es el plural gentilicio de *Guallahuacan*, que significa "lugar que tiene buenas tierras". Se compone esta última palabra de *cualli*, bueno, *tlalli*, tierra, y *huacan*, partícula posesiva e indicativa de lugar.

Guasacapania. — Hito de los ejidos del pueblo de Lepaterique, en el departamento de Tegucigalpa. La traducción que consta en el título es "donde se encauza el agua". Siendo buena esta interpretación, la palabra será *Atzacuapan*, compuesta de las mexicanas *atzacua*, detenerse el agua, y *pan*, en.

Guasaule. — Río que con el nombre moderno de Negro, sirve de línea divisoria a las Repúblicas de Honduras y Nicaragua. Significa "río de los guajes viejos". Se compone de *naxin*, una leguminosa, en mexicano, *zolli*, viejo, en el mismo idioma, y *li*, agua, río, en uno de los dialectos de Honduras.

Guascorán. — Pueblo del departamento de Valle, situado a la margen derecha del río de aquel nombre. La forma de esta palabra es *Uaxcallan*, que en mexicano significa "entre las casas de los guajes".

Se compone de *uaxin*, *guaje*, una leguminosa, *calli*, casa, y *lan*, entre, junto.

Guasculile. — Aldea del municipio de Tegucigalpa, en el departamento de este nombre. Tenemos que suponer en esta palabra, como en la anterior, que la ortografía está alterada en cuanto a que la u de *cu* es a: *Guascalile*. Significa "agua de las casas de los guajes". Se compone de *uaxin*, una leguminosa, *calli*, casa, e *ili*, agua, en uno de los dialectos de Honduras.

Guaserique. — Río afluente del Choluteca, y nombre de unas haciendas que hay al sudoeste de la ciudad de Comayagüela, en el departamento de Tegucigalpa. Significa "en el agua de los guajes". Se compone de la palabra mexicana *uaxin*, una leguminosa, *li*, agua, en uno de los dialectos de Honduras, y *c*, en.

Guásimo. — Caserío de San Marcos, en el departamento de Choluteca. El árbol de aquel nombre es el mismo *caulote*, *Theobroma guazuma,* Linn. La palabra *guásimo* se usa en las Antillas y en otros lugares de América. Algunos caseríos se llama *Guasimal*.

Guasirope. — Río del departamento de Valle, y nombre de un pueblo extinguido de Choluteca. Significa en mexicano "en el agua de los guajilotes". Se compone de *quauhxilotl*, el árbol *crescencia edulis*, Moc. et Sess., *atl*, agua, y *pan*, en.

Guasistagua. — Extinguida aldea del departamento de Comayagua, en donde se encuentran ruinas de aborígenes. Significa en mexicano "llanura de los guajes". Se compone de *uaxin*, una leguminosa, e *ixtlahuatl*, llanura.

Guasope. — Nombre del terreno en que están las haciendas de Talanguita, en este departamento. Significa en mexicano "en el agua de los guajes". Se compone de *uaxin*, una leguminosa, *atl*, agua y *pan*, en.

Guasore. — Aldea del municipio de Masaguara, en el departamento de Intibucá. Significa lo mismo que *Guasaule* (véase esta palabra).

Guasucarán. — Caserío del municipio de Ojojona, en el departamento de Tegucigalpa. Significa en mexicano "junto a las casas de los guasuches". Se compone de *quauhxochitl*, una parásita que crece sobre los árboles, *calli*, casa, y *lan*, cerca.

Guasul. — Terreno del departamento de Copán. Esta palabra parece incompleta. Significa en mexicano "guajes viejos". Se compone de *uaxin*, una leguminosa, *zolli* o *zulli*, viejo.

Guata (La). — Pueblo del departamento de Olancho, situado en el centro de una serranía. En la Geografía de Velasco está escrito *Goatala*. Es lo mismo que *Cotalá* (Véase esta palabra). Una aldea de Yoro y un lugar cinco leguas al norte de Tegucigalpa, en la orilla del río Choluteca, se llaman *Guata* también. Esta palabra siempre se usa con el artículo *la*.

Guatateca. — Caserío de Masaguara, en el departamento de Intibucá. *Quauhtaltecatl*, que es su forma mexicana, es el gentilicio, de *Guatala* o *Guata*, como hoy decimos.

Guatemala. — Caserío del municipio de Danlí, en el departamento de El Paraíso. Significa en mexicano "junto a los montones de madera". Se compone de *quauhtemalli*, montón de madera y *lan*, junto.

Guatincala. — Caserío del municipio de Erandique, en el departamento de Gracias. Significa en mexicano "abundancia de casas grandes". Se compone de *quauhtic*, grande, *calli*, casa, y la abundancial *la*.

Guatinlaga. — Pueblo del repartimiento de don Pedro de Alvarado. Significa en mexicano "en el agua de las águilas". Se compone de *quautin*, plural de *quauhtli*, águila, *atl*, agua, y *c*, en.

Guayape. — Río que teniendo su nacimiento en el interior de la República, atraviesa los departamentos de Olancho y Colón y desemboca en el mar Caribe. Significa en mexicano "en el agua grande". Se compone de *uey*, grande, *atl*, agua, y *pan*, en.

Guaymicaguala. — Pueblo del repartimiento de don Pedro de Alvarado. La palabra es *Guaymicaguala*, que significa "río de las grandes varas de flechas". Se compone de las palabras mexicanas *uey*, grande, *mitl*, flecha, *acatl*, caña, carrizo, y de la lenca *gual*, río, agua.

Guayambre. — Río afluente del Guayape. Significa "gran río". Se compone de *uey*, grande, en mexicano, e *ili*, río, agua, en uno de los dialectos de Honduras. En *Cotasiali* hicimos notar que hay algunas palabras en que la terminación *ili* aparece dividida por una *a*.

Gualguala. — Pueblo del repartimiento de don Pedro de Alvarado. Significa en mexicano "abundancia de grandes patios o corrales". Se compone de *uey*, grande, de *ithualli*, patio o corral, y la abundancial *la*.

Guegue. — Nombre de un cerro de Virginia, en el departamento de Gracias. *Ueue*, en mexicano, es *viejo*.

Gueguenci. — Isla de la Bahía de Fonseca, en el departamento de Valle. Significa en mexicano "viejo". Se compone de *ueue*, viejo, y de la reverencial *tzin*. El doctor Brinton ha publicado una obra titulada *"The Güegüence; a comedi ballet in the Nahuatl Spanish dialect of Nicaragua"*. Leemos en el *Diccionario de Mexicanismos del señor Ramos y Duarte: Güegüenches...* Mojiganga: festividad de muchas personas disfrazadas (de viejos, etc.) que van de casa en casa a cantar y bailar por paga. *Güegüenche* es corruptela del azteca *huehuetzi*, hombre envejecido".

Guicama. — Cerro de Lepaterique, en el departamento de Tegucigalpa. La palabra mexicana es *xicama*, una raíz comestible.

Guilupe. — Quebrada del departamento de Choluteca. Significa en mexicano "en el agua de las palomas". Se compone de *huilotl*, cierta clase de palomas, *atl*, agua, y *pan*, en.

Guinope. — Pueblo del departamento de El Paraíso, situado en una bella localidad, al pie de la montaña de aquel nombre. Significa lo mismo que *Güilupe* (véase esta palabra). Hay *Güinopilo*, una aldea de Texíguat.

Gulracaray. — Paraje que está al sur de Lepaterique, en el departamento de Tegucigalpa. Significa "agua de las jícaras". Se compone de la palabra mexicana *xicalli*, jícara, e *ire*, agua, río.

Guisayote. — Caserío del municipio de Atima, en el departamento de Santa Bárbara. Este nombre es el de la fruta llamada también *balaste* y *güisquil*.

Guiscoyoles. — Caserío del municipio de Atima, en el departamento de Santa Bárbara. La palabra es en singular *Güiscoyol*, nombre de cierta gramínea espinosa. Es término azteca, compuesto de *uitztli*, espina, y *coyolli*, el árbol *Bactris vinífera*.

Guisisle. — Arroyo del departamento de Olancho. Significa "agua de los huizilines". Se compone de la palabra mexicana *uitzilin*, un pajarito así llamado, y *li*, agua, en uno de los dialectos de Honduras.

H

Helen. — Una de las islas que componen el departamento de las Islas de la Bahía. Significa en mexicano "lugar de alisos". Se compone de *ili*, aliso, y *lan*, lugar.

Huatal. — Caserío del municipio de Soledad, en el departamento de El Paraíso. La palabra azteca es *ouatl*, que nosotros pronunciamos *guate*, espiga de maíz tierno. *Huatal* es abundancia de *guate*.

Hueymullan. — Hasta hace poco tiempo nos preguntábamos ¿qué nombre tenía Honduras antes de la conquista por los españoles? Nunca pudimos darnos la respuesta. Uno de los trabajitos de nuestra incipiente estadística llegó a México, siguiendo la costumbre que hay en la América, antes española, de enviar las producciones literarias a las oficinas públicas y a los autores de libros de las naciones fincadas en este Nuevo Continente. El señor director de la estadística o de la Biblioteca de México acusa recibo del envío, pregunta en qué lugar queda *Acalla* o *Acallan*, donde Cortés ahorcó a Guatimoc, último emperador de México, y nos dice que nuestra patria se llamaba *Hueymollan*, que significa "gran mercado de comida o de alimentos condimentados con chile". Por las relaciones de la expedición de Cortés a las Higueras, Guatimoc fue ejecutado en territorio que pertenece en la actualidad a la República de Guatemala, tal vez por el delito de ser aquel infortunado emperador fiel representante de su raza, de esa raza que jamás ha querido aceptar yugo extranjero. Según los estudios del señor Peralta, diplomático e historiador costarriqueño, *Hueymollan* o *Guaymura* era la comarca de Trujillo, al oeste del río Aguán.

Huinto. — Caserío del municipio de Choluteca, en el departamento del mismo nombre. La palabra *Huilotl*, paloma, suprimidas las últimas dos letras; pero quién sabe cuándo convirtieron la *l* en *t*, y quedó *huito*, y ya en esta forma fácilmente le pusieron la *n* antes de la *t*, siendo este el origen de la ortografía que actualmente tiene.

Hula (Santa Ana). — Pueblo de indios, situado en lo que hoy se llama *Cerro de Hule*, unas seis leguas al sur de la ciudad de Tegucigalpa, en el departamento del mismo nombre. Significa "abundancia de hule". Se compone de *olli* o *ulli*, goma elástica que se extrae del árbol *castilloa clástica*, Cew, y de un bejuco, y la abundancial *la*.

Humuya. — Río del departamento de Comayagua, que lleva sus aguas a aumentar las del caudaloso Ulúa, después de haber regado el fértil valle de aquel departamento. A una legua al sur de Tegucigalpa, y en la confluencia de los ríos Jacaleapa y Grande, hay un lugar llamado *Humuya*; y una quebrada de la ciudad de Yuscarán, en el departamento de El Paraíso, que desemboca en el río Oriali o de Yuscarán, lleva también el nombre de *Humuya*. La verdadera forma de esta palabra es *Omayan*, que en mexicano quiere decir "lugar de dos aguas". Se compone de *ome*, dos, *atl*, agua, y *yan*, lugar. Propiamente, *Omayan* es el ángulo que forma la confluencia de dos ríos, o de quebrada y río.

I

Iguala. — Pueblo antiguo de indígenas del departamento de Gracias, situado en una cañada, en medio de dos ríos. En México hay una ciudad del mismo nombre, célebre en los anales de aquella República por haberse propuesto allí el plan Trigarante que cambió por completo el estado político-social del pueblo mexicano. Descifrando a Igualtepeque, en México, el señor Martínez Gracida deriva el primer componente del verbo *igualli*, enviar mensajeros, lo que no nos satisface. El señor Ferráz, en sus *Nahuatlismos de Costa Rica*, nos ofrece la verdadera forma de *Iguala*, de México, la cual es *Ihualapan*; pero nada nos dice, porque no tuvo oportunidad en sus estudios, sobre el significado de dicha palabra. La palabra de que tratamos significa "abundancia o lugar de patios o corrales". Se compone de *ithualli*, patio, corral de una casa, y la abundancial *la*.

Ilama. — Pueblo de indios, del departamento de Santa Bárbara. En el lugar que hoy ocupa, data su fundación del año de 1795. El director general de estadística de Honduras, en su *Primer Anuario*, afirma que este pueblo se formó de los aborígenes que se encontraban en Teconalistagua; pero el adelantado Alvarado repartió a Ilamatepet y a Teconalistagua, y la existencia de estos dos pueblos induce a creer en el nuevo *Ilamatepet*, o *llama*, se ha de haber formado con los vecinos del antiguo. Significa en mexicano "cerro de la vieja". Se compone de *ilamatl*, vieja, y *tepetl*, cerro. Probablemente en este lugar tributaban culto a *Ilamatecutli*, diosa de la vejez. A la *anona excelsa*, H. B. K., se le llama en México *Ilama*; pero este nombre, con tal acepción, no se encuentra en las obras antiguas sobre el *náhuatl*.

Ilamapa. — Caserío de Tegucigalpa, situado en el valle que lleva aquel nombre y distante de la capital de la República, unas siete leguas al norte. La parte sur del valle está limitada por el río de Ilamapa. Significa en mexicano "en el agua de la vieja". Se compone de *ilamatl*, vieja, *atl*, agua, y *pan*, en. Tal vez haya sido un río consagrado a *Ilamatecutli*, diosa de la vejez.

Ilanga. — Aldea del municipio de Trujillo, en el departamento de Colón. Pasa por en medio de ella una quebrada, y acorta distancia el caudaloso río Aguán. Significa en mexicano "en el agua de los alisos". Se compone de *ili*, aliso, *atl*, agua, y *c*, en.

Ilila. — Valle o caserío que, cuando levantó el censo el señor obispo Cadiñanos, pertenecía al curato de Intibucá. Hay un terreno del departamento de este nombre, que tiene el de Concepción de *Ilila*. Esta palabra, cuya ortografía azteca es *Illa*, que significa "abundancia de alisos", por componerse de *ili*, aliso, y la abundancial *la*, está escrita en una parte de la Geografía de Velasco *Lila*; y no siendo suficiente la primera *ele* que le añadieron, le anteponen a esta letra una *i*, y quedó en *Ilila*, y últimamente de esta forma pasó a *Erila*, con la que también aparece en la mencionada Geografía.

Ingugula. — En los nombres de pueblos de Honduras, expresados en la Geografía de Velasco, aparece este entre Cacaoterique y Moyen; es decir, que quedaría en el actual departamento de La Paz. En la Nómina de los pueblos de la Provincia de Comayagua, posterior en un siglo a los datos de aquella Geografía, se encuentra el pueblo de *Yubrigula*, entre los de Comayagua, departamento que, como es bien sabido, en aquel tiempo era uno solo con el de La Paz. Esto nos hace sospechar que *Ingugula* y *Yubrigula* pueden ser el mismo pueblo, hará siglos extinguido, porque nada se dice de él en los censos posteriores. Tomando la primera forma, que nos parece más correcta, en razón de que la *b* y la *r* no son letras del alfabeto mexicano, tenemos que *Ingugula* puede descomponerse en tres partes: la abundancial *la*, *cocolin*, y la sílaba *in*. Esta última puede provenir de *xiuh*, cuyas dos primeras letras son las únicas que suenan aún entre los mexicanos (compárese *xiuhquilitl*, con jiquilite). El sonido de la *j* antes de la *i*, si se debilita un poco, llega casi a perderse y a quedar en el de la simple *i*, al que pudo agregársele una *n*, *l*, *r* o *s*, según hemos observado. *Xiuhcocolin* es el nombre de una planta medicinal; entonces *Ingugula* será el lugar donde abunda esta planta, que no conocemos. En un mapa de Honduras, del ingeniero inglés Mr. Mayes, hay unos montes en La Paz, llamados *Ingrula*, que indudablemente son nuestro *Ingugula*.

Inquibiteca. — Así aparece escrito el nombre de este extinguido pueblo de Honduras en la Geografía de Velasco. Parécenos que la forma mexicana es *Xiuhquilitecatl*, derivado étnico de *Xiuhquilitlan*, o mejor de *Xiuhquilla*, "lugar abundante en jiquilite".

Insuma. — Terreno del departamento de Gracias. Significa en mexicano "lugar donde trabajan el izote". Se compone de *iczotl*, izote, el árbol *Yuca aloifolia*, Linn., *ma*, de *mailt*, mano, que representa la acción de cortar o trabajar, y *n*, lugar que hay que sobreentender. Bien sabido es que de las hojas del izote extraían los mexicanos la fibra de que hacían sus vestidos.

Iscalapa. — Pueblo de los repartidos por don Pedro de Alvarado. Significa en mexicano "en el agua de la casa de la obsidiana". Se compone de *itztli*, obsidiana, *calli*, casa, *atl*, agua, y *pan*, en.

Iscamile. — Terreno del departamento de Olancho. Significa "agua de las plantaciones de algodón". Se compone de las palabras mexicanas *Ichcatl*, algodón, *milli*, campo cultivado, y de *li*, agua, en uno de los dialectos de Honduras.

Iscanal. — Caserío de San Antonio, en el departamento de Intibucá. El *iscanal*, o *guascanal*, es una leguminosa que, por tener espinas, suponemos que el primer componente de aquella forma no es *is*, sino *uitz*, de *uitztli*, espina.

Istabaca. — Pueblo del repartimiento de don Pedro de Alvarado. Significa en mexicano "lugar de llanuras". Se compone de *ixtlahuatl*, llanura, y *can*, lugar. El señor Peñafiel descompone y traduce a *Ixtlahuacan* así: "*can*, lugar, *hua*, posesivo que califica a lugar, e *ixtli*, vista; "lugar su vista", "lugar que tiene vista", "llanura".

Istacapa. — Pueblo del repartimiento de don Pedro de Alvarado, y nombre de un terreno del departamento de Santa Bárbara. Significa en mexicano "en el agua blanca". Se compone de *iztac*, blanco, *atl*, agua, y *pan*, en.

Istapa. — Pueblo del repartimiento de don Pedro de Alvarado. Significa en mexicano "sobre la sal". Se compone de *iztatl*, sal, y *pan*, sobre.

Istoca. — Terreno del departamento de Choluteca. Significa en mexicano "lugar de istolines". Se compone de *iztollin*, una especie de junco de espiga triangular, cuyas raíces y flores son medicinales, y *can*, lugar.

Izotal. — Terreno del departamento de Copán. Significa en mexicano "abundancia de izotes". Se compone de *iczotl*, la planta *Yuca aloifolia*, Linn., y de la abundancial española *al*.

J

Jacagua. — Río del departamento de Yoro. Es el plural gentilicio de *Xacalhuacan*, que significa "lugar que tiene chozas o jacales", compuesto de las palabras mexicanas *xacalli*, choza, y *huacan*, partícula posesiva e indicativa de lugar.

Jacán. — Caserío del municipio de La Iguala, en el departamento de Gracias. Significa en mexicano "lugar de arena". Se compone de *xalli*, arena, y *can*, lugar.

Jacalaca. — Terreno del departamento de Santa Bárbara. Significa en mexicano "en el agua de las chozas". Se compone de *xacalli*, choza, *atl*, agua, y *c*, en.

Jacaleapa. — Pueblo del departamento de El Paraíso, situado en medio de dos ríos, y caserío de Tegucigalpa, que recibió su nombre de un río que pasa inmediato a él. Significa en mexicano "en el agua de las chozas". Se compone de *xacalli*, choza, jacal, *atl*, agua, y *pan*, en.

Jaitique. — Aldea del municipio de Siguatepeque, en el departamento de Comayagua. La forma mexicana de la palabra es *Xaltic*, que significa "en la arena". Se compone de *xalli*, arena, la ligadura *ti*, y *c*, en.

Jalaca. — Aldea del municipio de Talanga, en el departamento de Tegucigalpa. Significa en mexicano "en el agua de arena" (que corre por un lecho de arena). Se compone de *xalli*, arena, *atl*, agua, y *c*, en.

Jalán. — Río que corre al sur y al este del pueblo de Guamaca, en el departamento de Tegucigalpa, y que es uno de los afluentes del caudaloso y aurífero Guayape. Significa en mexicano "entre la arena". Se compone de *xalli*, arena, y *lan*, entre, junto; y en efecto, solo arena se ve en el lecho de este río.

Jalapa. — Aldea del municipio de Yorito, en el departamento de Yoro. Significa en mexicano "en el agua de arena". Se compone de *xalli*, arena, *atl*, agua, y *pan*, en.

Jalegua. — Río del departamento de Yoro. Significa en mexicano *Xalhuacan*, del que es un derivado étnico *Xalhua*, o *Xalegua*, como decimos nosotros, "lugar que tiene arena". El *le* es el mismo *la* que hemos observado estar de más en otras palabras.

Jalteva. — Terreno del departamento de Tegucigalpa. Significa en mexicano *Xaltehuacan* "lugar pedregoso"; y de esta palabra es un derivado étnico *xaltehua*, que, por el modo de hacer antes las *ues*, pasó a ser *v* la de *xaltehua*, quedando en la forma actual. *Xaltehuacan* se compone de *xaltetl*, guijarro, piedra, y *huacan*, partícula posesiva e indicativa de lugar.

Jamallí. — Caserío del municipio de San Marcos, en el departamento de Choluteca. Significa "agua de los amates". Se compone de *amatl*, amate, en mexicano, e *ili*, agua.

Jamalteca. — Valle del departamento de Comayagua, en donde se encuentran unas ruinas de aborígenes. Es el gentilicio plural de *Amatlan*.

Jamastrán. — Valle del círculo de Danlí, en el departamento de El Paraíso. La ortografía azteca de esta palabra es *Amaxtlan*, abreviatura, según el señor Peñafiel, de *Amamaxtlan*. Significa "lugar poblado en que abundan o se usan los pañetes de papel". Se compone de *amatl*, amate, de cuya corteza se hacía el papel, *maztlatl*, braguero o pañete, y *tlan*, lugar.

Jamayupe. — Aldea del municipio de Yauyupe, en el departamento de El Paraíso. Significa en mexicano "en el agua llena de amates". Se compone de *amatl*, amate, *yotl*, sufijo que indica abundancia, *atl*, agua, y *pan*, en.

Jayacayán. — Caserío del municipio de San Marcos, en el departamento de Choluteca. En el sitio en que está este caserío hay *calpules*, lo que prueba que fue poblado por los aborígenes. Dos elementos mexicanos se advierten en esta palabra: *xayacatl*, máscara, y *yan*, terminación verbal de nombres de lugar. Puede significar "lugar donde se hacen mascarillas", o tal vez "lugar donde se enmascaran".

Jeluclán. — Terreno del departamento de Gracias. Podemos traducirlo "lugar de elotes", en mexicano. Se compone de *elotl*, elote, mazorca de maíz tierno, y *tlan*, lugar. No es remoto que a *elotl* se le anteponga una *y*, que con facilidad se convierte en *j*. Así, el primero componente de *yeloxochitl*, es *elotl*.

Jenistepe. — De este modo aparece escrito *Tenislepe*, nombre de un caserío de Gualaco, departamento de Olancho, en la división político-territorial de Honduras (véase *Tenislepe*).

Jetegua. — Pueblo extinguido de los pueblos del río Ulúa y jurisdicción de San Pedro. La palabra supone la existencia de *Jetehuacan*, "lugar que tiene jetos", y el plural gentilicio de *Jetehuacan* es la que analizamos (véase la palabra siguiente).

Jeto. — Pueblo extinguido, perteneciente y contiguo a la ciudad de Comayagua, en el departamento de este nombre. El *jeto* es un árbol elevado, que produce unas frutas parecidas a las aceitunas. También es conocido este árbol con el nombre de *talchocote* (*tlalxocotl*, en mexicano, alumbre).

Jicalapa. — Aldea del municipio de Gualaco, en el departamento de Olancho. Significa en mexicano "en el agua de las jícaras". Se compone de *xicalli*, jícara, *atl*, agua, y *pan*, en.

Jicanto. — Arroyo del departamento de Olancho. Significa en mexicano "jicarilla". Se compone de *xicalli*, jícara, y de la terminación de diminutivo *ton*.

Jicaramani. — Pueblo extinguido de los nominados con motivo de las penas de cámara. Pertenecía al partido de Gracias a Dios. Significa en mexicano "lugar donde se hacen jícaras". Se compone de *xicalli*, vaso de calabaza, jícara, *ma*, que representa la acción de trabajar, y *n*, lugar.

Jícaro. — Aldea del municipio de Alauca, en el departamento de El Paraíso, y nombre de varios caseríos y lugares de la República. Así se llama el árbol que produce las frutas de que se hacen las jícaras.

Jicatalla. — Cerro del municipio de La Iguala, en el departamento de Gracias. La *t* está por *l*: *Xicallalla*, y españolizado *Jicalala*, que significa "abundancia de tierras de jícaras". Se compone de las palabras mexicanas *xicalli*, jícara, *tlalli*, tierra, y la abundancial *la*.

Jigua. — Pueblo de los nominados con motivo de las penas de Cámara. Era del partido de Gracias a Dios. Hoy lleva aquel nombre una aldea del municipio de La Florida, en el departamento de Copán. *Xihuacan* o *Xiuhuacan* la traduce el señor Peñafiel "lugar que posee turquesas", y de él es gentilicio *Jigua* o *La Jigua*.

Jiligua. — Terreno del departamento de Copán, en los términos de Cucuyagua. Es el gentilicio de *Xilihuacan* (véase *Jiriguaca*).

Jilote. — Montaña del departamento de Santa Bárbara. *Xilotl* en mexicano es la mazorca de maíz cuando comienza a cuajar.

Jimacuara. — Sitio del departamento de Tegucigalpa. La *Ch* de *Chimalcuara* pasó a ser *X* en lo escrito, y después *J*. Significa "agua de las rodelas". Se compone de la palabra mexicana *chimalli*, rodela, y de la lenca *guara*, agua, río.

Jimasque. — Aldea del municipio de Manto, en el departamento de Olancho. La palabra es *Chimalque*, y como entre los indios el sonido de *ch* y *x* casi se confunden, se tomó este último, que fácilmente pasó a ser *j*, primero en lo escrito y después en la pronunciación. *Chimalque* es un gentilicio que, a semejanza de otros, se formó de *Chimalcan*, "lugar de broqueles o rodelas".

Jimeritos. — Terreno del departamento de Comayagua. Con aquella palabra en singular se designa cierta abeja pequeña y el panal que ella fabrica.

Jimilille. — Caserío del pueblo de Corquín, en el departamento de Copán. Es el nombre de una gramínea, especie de carrizo, la que conocemos en el interior por *visgüts*.

Jinicuara. — Lugar de la aldea de Yaguacire, en el departamento de Tegucigalpa. Significa "quebrada de los jiñicuites". Se compone de la palabra mexicana *Xioquahuitl, jiñicuite* (*terebintus americana*), y *guara*, que en lenca es agua, quebrada.

Jiniue. — Montaña del departamento de Yoro. Esta palabra la hemos sacado del verbo azteca *xinine*, que vale dispersarse, despoblarse, etc., y así llamamos "piedra jinine" la que, si se ocupara en los muros de un edificio, se desharía y causaría la ruina de la obra.

Jiñicuajo. — Caserío del municipio de Vado Ancho, en el departamento de El Paraíso. Es adulteración de la palabra mexicana *Xioquahuitl*, para algunos *jiñicuite, jinicuite, jiñoicuao* y palo *jiote*, en la América del Sur *indio desnudo* (*terebintus americana*). El sonido de la *ñ* del primer elemento proviene de una *y* que él tiene, pues tan bien puede decirse *xiotl* como *xiyotl*. En el habla vulgar conservamos las dos formas: a la herpe le decimos *jiote*; y está *jiñote* el maíz cuando por tener poca ceniza en el cocimiento no *peló* el grano, o no cayó el pericarpio o pelillo que lo cubre.

Jipalpa. — Río del departamento de Copán. A primera vista nótese que la palabra que se analiza no es nombre de río, ya que no podemos suponer que la terminación *apan* se haya dividido con la *l*, porque no se nos ha presentado un solo caso en los otros nombres geográficos. *Jipalpa*, pues, será tomado de un lugar notable por donde pasa el río. Descomponiendo la palabra hay en ella: *icpalli*, silla con espaldar, la que era signo de poder entre los antiguos jefes indios, pues solo ellos podían sentarse en ella, y *pan*, que significa en. Literalmente, *Jipalpa* o *Icpalpan* es "en la silla con espaldar", pero tal vez se llamaría así una población que sería capital de algún reino indiano. En el valle de Copán, en el departamento del mismo nombre, existe un terreno medido en 1739, que es conocido por *Jipalpa*.

Jipo. — Aldea del municipio de Cucuyagua, en el departamento de Copán. La terminación de esta palabra no es de nombre de lugar. Traduciendo el señor Peñafiel a *Xico*, dice que significa "en el ombligo", por componerse de *xictli*, ombligo, y *co*, en; y aunque nosotros podríamos sacar de *Jipo* una traducción parecida, por ser iguales los primeros componentes, es posible que *Jipo* haya sido *Jipe*, Xipe, "dios de los plateros", cuya fiesta han de haber celebrado los *nahuas* de Honduras.

Jiquilial. — Caserío del municipio de Danlí, en el departamento de El Paraíso. Esta es casi palabra española, que significa "abundancia de jiquilite". Se deriva de la mexicana *xiuhquilitl*, *jiquilite*, o jiquilete, como dice la Academia.

Jiquinlaca. — Aldea del municipio de Concepción, en el departamento de Intibucá. En estas palabras acabadas en *laca*, la última *a* está de más. Significa en mexicano "en el agua de los jiquiletes". Se compone de *xiuhquilitl*, jiquilete, *atl*, agua, y *c*, en.

Jiquitapa. — Quebrada del departamento de Yoro. Significa en mexicano "en el agua de los jiquiletes". Se compone de *xiuhquilitl*, jiquilete, *atl*, agua, y *pan*, en. Algún mal escribiente cambió la *l* en *t*.

Jiriguaca. — Terrenos del departamento de Gracias. Significa en mexicano "lugar que tiene alisos". Se compone de *ili* o *ilitl*, aliso, y *huacan*, partícula posesiva e indicativa de lugar.

Jirilaca. — Terreno del departamento de Gracias. Significa en mexicano "en el agua de los alisos". Se compone de *ili* o *ilitl*, aliso, *atl*, agua, y *c*, en.

Joateca. — Terreno perteneciente al pueblo de Yarula, en el departamento de La Paz. *Joaltecatl*, que es la forma de esta palabra, es el nombre que tiene una montaña de México, situada cerca de Guadalupe, y en la que los indios inmolaban niños a uno de sus dioses. Los componentes son: *yoalli*, noche, y *teca*, verbo que significa acostarse, extenderse.

Jobo. — Este nombre tienen algunos caseríos de Choluteca. El Paraíso y Valle. Parece que la palabra es de las Antillas. Copiamos del señor Bachiller y Morales: "*Hobo*. — Árbol y fruto que conserva el nombre todavía: es histórico en Haití por las leyendas; además de lo que hemos visto en otros capítulos, *Priest*, refiriéndose a Clavijero (Amer. Atiquites, página 200), pone en boca de los indios viejos de Cuba la tradición del diluvio de Noé, y dice que la paloma que volvió al arca o gran canoa, trajo en el pico una rama de *hobo*. Él mismo repite la relación de la embriaguez y la maldición del hijo que se burló del padre viejo; y que los indios se suponen los descendientes del hijo burlón, y que los europeos descienden del otro". Los mexicanos no decían *hobo* o *jobo*, sino *cozticxocotl*, ciruelo amarillo (*Spondias mombin*, Linn.).

Jocón. — Pueblo del departamento de Yoro, situado en una hondonada, teniendo alrededor montañas. Antes estuvo en otro lugar que llaman "Pueblo Viejo", y que abandonaron sus moradores porque se les introducía gente ladina. Ignoramos el origen de la palabra con que se designa una especie de *carrizo* de que se hacen cestos.

Joconguera. — Sitio del departamento de Gracias. Don Pedro de Alvarado le dice *Jocongora* a un pueblo del repartimiento de la ciudad de Gracias a Dios. Significa "agua de los jocones". Se compone de *jocón,* gramínea de que se hacen cestos, y *guara*, agua, en lenca.

Jocoro. — Caserío del municipio de Pespire, en el departamento de Choluteca. Significa "agua agria". Se compone de la palabra mexicana *xococ*, agrio, y de la lenca *guara*, agua. No siempre es verdaderamente mala el agua que se dice *juca*; pero debieron los indios haber supuesto que no era buena desde que estaba estancada.

Al norte de Tegucigalpa hay varios ojos de agua, y solo a uno le dicen *Nocoro*, adulteración de *Jocoro*.

Jocotancito. — Aldea del municipio de Mercedes, en el departamento de Copán. Significa "Jocotlán pequeño". Se compone de la palabra mexicana *Jocotlán*, "entre los jocotes o las frutas", de *xocotl*, *jocote* o fruta, y la terminación de diminutivo española *cito*.

Jocote. — Caseríos de Choluteca y Valle. La palabra mexicana es *xocotl*, *jocote* (Spondias) o fruta en general.

Jolín. — Caserío del municipio de Gualaco, en el departamento de Olancho. Es *Tollin*, en azteca, junco.

Julcapa. — Pueblo del departamento de Santa Bárbara, bautizado hoy con el nombre de *Nuevo Celilac*. Significa en mexicano "en el agua de los insectos". Se compone de *yolcatl*, gusano, insecto, *atl*, agua y *pan*, en.

Jumargual. — Quebrada del departamento de Gracias. Significa "agua del junco". Se compone de la palabra mexicana *xumatli*, junco, en mexicano, y *gual*, agua, en uno de los dialectos de Honduras.

Junacate. — Caserío del municipio de Lepaterique, en el departamento de Tegucigalpa. En la División Político-Territorial de Honduras está escrito *Funacate*, y no es remoto que así pronuncien los indios esta palabra, convirtiendo el sonido de *j* en *f*. Aun en voces españolas se nota este fenómeno: por *juez* dicen *fez*. El *junacaté*, *xonacatl* en mexicano, es una *cebolla* que se da en las montañas.

Junigual. — Aldea del municipio de Guarita, en el departamento de Gracias. Esta palabra la escriben también *Junigal*. Significa "agua de los jumiles". Se compone de la palabra mexicana *xumitl*, un insecto, y *gual*, agua, en uno de los dialectos de Honduras.

Jupual. — Caserío del municipio de Erandique, en el departamento de Gracias. Significa lo mismo que *Jupuara* (véase esta palabra).

Jupuara. — Río del departamento de Comayagua, afluente del Ulúa. Significa "río de los hopos o jopos". Se compone de la palabra mexicana *hopo* o *jopo*, nombre de un árbol, y de la lenca *guara*, agua, río.

Jurla. — Este pueblo del departamento de Intibucá es llamado ahora Jesús de Otoro. *Yolatl* era un atole de maíz crudo y molido que daban los indios a las personas desmayadas o que habían perdido el sentido; de manera que nuestro término significa abundancia de aquella bebida.

Juates (**Los**). — Caserío del municipio de Tegucigalpa, en el departamento del mismo nombre. No conocemos la verdadera ortografía de esta palabra, con la que en singular se designa un molusco fluvial.

Jutiapa. — Río distante como cinco lenguas al norte de Tegucigalpa, de cuyas aguas, conducidas por tubos, nos servimos los habitantes de la capital. Significa "río de los jutes". Se compone de *jute*, un molusco fluvial, caracolillo, *atentli*, ribera, y *co*, en.

Juticalpa. — Ciudad cabecera del departamento de Olancho, situada sobre un río pequeño, tributario del Guayape. Significa en mexicano "en la casa de los caracolillos". Se compone de *jute*, caracolillo, *calli*, casa, y *pan*, en.

Jutiquile. — Aldea del municipio de Juticalpa, en el departamento de Olancho. Queda sobre el río Telica, afluente del Patuco. Significa "agua de los caracolillos". Se compone de *jute*, caracolillo, e *ili*, agua, río.

L

Lacampa. — Pueblo antiguo del departamento de Gracias, en la actualidad reducido a una humilde aldea. El nombre de este pueblo, a fuerza de usarse con el artículo *la*, llegó a formar con él una sola palabra. *Acapan*, que es su verdadera ortografía, significa en mexicano "en el agua de la cafia". Se compone de *acatl*, caña, *atl*, agua, y *pan*, en.

Lacan. — Paraje del departamento de Santa Bárbara. Significa en mexicano "caña, carrizo". Es la palabra mexicana *acatl*, a la que se le ha antepuesto el artículo femenino *la*.

Lacantiquea. — Pueblo del repartimiento de don Pedro de Alvarado. Son tantas las letras de más que tiene esta palabra, que cuesta conocer su verdadera forma, que es *La Acatic*. Descomponiendo a *Acatic*, tenemos que consta de *acatl*, caña, carrizo, *ti*, partícula ligativa, y *c*, en. Significa en mexicano "en los carrizos".

Lacatao. — Terreno del antiguo departamento de Gracias. Significa en mexicano "lugar de carrizos". Se compone de *acatl*, carrizo, y *tlan*, lugar.

Lacutú. — Puerto menor sobre el Golfo de Fonseca, en el departamento de Valle. Significa en mexicano *La Acalon*, cañita. Se compone de *acatl*, caña, carrizo, y el sufijo *ton*, que sirve para formar diminutivos.

Lamani. — Pueblo del departamento de Comayagua, situado al sur y en los confines del valle de este nombre. Don Pedro de Alvarado repartió este pueblo, que entonces se llamaba *Alamaní*. La verdadera ortografía de la palabra parece ser *Alacmani*, que en mexicano significa "lugar de alfareros", pues se compone de *alactic*, cosa resbalosa, barro, *ma*, que representa la acción de hacer algo, y *n*, lugar.

Langatique. — Pueblo extinguido del departamento de Choluteca, y hoy terreno del citado departamento. Significa lo mismo que *Lacantiquen* (véase esta palabra).

Langue. — Pueblo antiguo del departamento de Valle. Lo que se nota en esta palabra es el artículo *la*, unido a la mexicana *acatl*, caña, carrizo. Comenzaría por pronunciarse *Laca*; debilitada la *c*, se dijo *Laga*, y puesta la *n*, que es corriente en casi todas las palabras indígenas de Honduras, quedó *Langa*, de donde pasó a la forma actual de *Langue*.

Laruco. — Valle de Sensenti, en el departamento de Copán. Significa en mexicano "en los papagayos". Se compone de *alo*, papagayo, y *c*, en.

Laure. — Aldea del municipio de Nacaome, en el departamento de Valle. *Aloli* parece ser su forma primitiva, que significa "agua de los papagayos". Se compone de la palabra mexicana *alo*, papagayo, y de *li*, que en uno de los dialectos de Honduras es agua.

Lauterique. — Pueblo del departamento de La Paz, situado en la pendiente de la sierra que va de Aguanqueterique a Caridad. Significa lo mismo que *Aloterique* (véase esta palabra).

Láyagua. — Pueblo de los repartidos de don Pedro de Alvarado. Son dos palabras, *La Ayagua*. Esta última, que es la mexicana, significa "lugar que tiene ayates". Se compone de *ayatl*, ayate, y la partícula posesiva *gua*.

Lejamaní. — Pueblo del departamento de Comayagua, situado en el valle de este nombre. Es tan antiguo, que lo repartió el adelantado Alvarado con el nombre de *Leyamane*. En la Geografía de Velasco está escrito *Laxamani*. Tomando esta última forma, tenemos que *Laxamani* puede descomponerse en *La Axamani*, en que se ven claros los componentes de esta última palabra, que son *axalli*, arena para tallar piedras preciosas, *ma*, tomar, hacer, y *n*, lugar. *Lejamaní*, en mexicano es "lugar donde se tallan piedras preciosas". Como esta industria se ha perdido, no puede comprobarse la etimología.

Lemoa. — Pueblo de los repartidos por don Pedro de Alvarado. La palabra ha de ser *Emolla*, pues la *l* que tiene antepuesta pertenece al artículo *la*. Significa en mexicano "abundancia de manjares de fríjoles". Se compone de *emolli*, manjar de fríjoles, y la abundancial *la*.

Lempa. — Caserío del municipio de Atima, en el departamento de Santa Bárbara, y nombre de un río del departamento de Gracias. *Lempa* está por *Lepa*, suprimida la *m*, de más en todas estas palabras. *Lepa* debió haber comenzado por pronunciarse *Lapa*, aglutinando el artículo femenino *la*, español, a *Apan*, que en mexicano significa "en el agua", pues se compone de *atl*, agua, y *pan*, en.

Lenwa. — Pueblo del río Ulúa y jurisdicción de San Pedro, citado en la Nómina de los pueblos de la Provincia de Comayagua. Significa lo mismo que *Langue* (véase esta palabra).

Lepaca. — Montaña del departamento de Yoro. Significa en mexicano "lugar de zorrillos". Se compone de *epatl*, zorrillo, y *can*, lugar.

Lepacalaca. — Pueblo del repartimiento de don Pedro de Alvarado. Significa en mexicano "en el agua de la casa de los zorrillos". Se compone de *epatl*, zorrillo, *calli*, casa, *atl*, agua, y *c*, en.

Lepaera. — Pueblo del departamento de Gracias, situado en una meseta, al norte del arroyo Yargual. Significa "quebrada del tigre". Se compone de las palabras lencas *lepa*, tigre, e *ire*, agua, quebrada.

Lepaguara. — Valle del departamento de Olancho, que tomó su nombre de un río que corre por él y que es afluente del Guayape. Significa en lenca "río del tigre". Se compone de *lepa*, tigre, y *guara*, río.

Lepasale. — Río del departamento de Intibucá. Etimológicamente es lo mismo que *Lepasile* (véase esta palabra).

Lepaslle. — Río del departamento de Gracias. Significa "río del tigre". Se compone de la palabra lenca *lepa*, tigre, y de *ili*, que en uno de los dialectos de Honduras es agua, río.

Lepaterique. — Pueblo del departamento de Tegucigalpa, situado en una fértil sabana, rodeada de montañas. Es pueblo antiguo, pues ya aparece en la Geografía de Velasco, en la forma de *Lepairequi*. Significa en lenca "cerro del tigre". Se compone de *lepa*, tigre, y *terigui*, cerro.

Lesquimpara. — Caserío del municipio de San Andrés, en el departamento de Gracias. Significa en lenca "cerro del liquidámbar". Se compone de *lesquín*, liquidámbar, y *palha*, que en el dialecto de Goajiquiro es cerro.

Licante. — Terreno del departamento de Choluteca. Significa lo mismo que *Jicanto* (véase esta palabra).

Licomapa. — Terreno del departamento de Yoro. La forma mexicana es *Xicamapan*, que significa "en el agua de las jícamas". Se compone de *xicamatl*, jícama, una raíz comestible, *atl*, agua, y *pan*, en.

Liguare. — Arroyo del departamento de Choluteca. La *Ithualli* significa "agua de los corrales o patios". Se compone de *ithualli*, patio o corral, en mexicano, y *li*, agua.

Linaca. — Aldea de Danlí, en el departamento de El Paraíso, y de Tatumbla, en este departamento. La forma de esta palabra ha sido uniforme hasta el año de 1801, en que la encontramos escrita Ninaca en el censo del señor Anguiano. La verdadera ortografía mexicana es *Ilac*, que significa "en el agua de los alisos". Se compone de *ili*, aliso, *atl*, agua, y *c*, en.

Liquitimaya. — Así se llamaba el valle de Cantarranas, y tienen el mismo nombre varios terrenos de Tegucigalpa. En la Geografía de Velasco está escrito *Legtiquimaxay*. La primera forma nos parece que se acerca más a su ortografía azteca, que parece ser *Jiqilimayan*, y significa "lugar donde se trabaja el jiquilete". Se compone de *xiuhquilitl*, jiquilete, *ma*, que representa la acción de trabajar, y *yan*, terminación verbal de nombre de lugar. Es bien sabido que del jiquilete hacían los aborígenes una pasta que servía a las mujeres para teñirse el pelo.

Lisapa. — Terreno del departamento de Choluteca. Significa en mexicano "en el agua de la obsidiana". Se compone de *itztli*, obsidiana, *atl*, agua, y *pan*, en.

Liure. — Pueblo del departamento de El Paraíso. Por haberse formado con vecinos de Texíguat, circula la tradición de que *Liure* significa "libe", ya que se quería expresar con aquella palabra que los habitantes del nuevo pueblo estaban emancipados de Texíguat. En cuanto a la *b*, vino de que antes la *u* tenía el sonido de esta vocal y el de *v* o *b*. El ser relativamente nuevo *Liure* y poblado por indios de Texíguat, es cierto; pero la etimología del vocablo no la creemos verdadera. Los indios les daban nombre no solo a sus pueblos, sino también a los cerros, ríos, arroyos, etc.; y nada tiene de particular que en el lugar llamado *Liure* hayan fundado un pueblo los texíguats disidentes. La ortografía de *Liure* es *Yuli*, que se encuentra con la forma de *Yure* en una aldea de Santa Cruz de Yojoa, en el departamento de Cortés. El primer componente parece ser *yuitl*, pluma en mexicano, y *li*, que en uno de los dialectos de Honduras es agua. Significa entonces "agua de plumas".

Loarque. — Hacienda que se encuentra legua y media al sur de Tegucigalpa, en el departamento del mismo nombre, siguiendo la carretera que comunica la capital con el puerto menor de San Lorenzo, en la Bahía de Fonseca. La palabra es el gentilicio plural de *Olhuacan*, "lugar que tiene hule". *Olhuaque* perdió la *o*, y con una *r* antes de la sílaba *que*, lo que es corriente, quedó *Luarque*.

Locomapa. — Terreno y río del departamento de Yoro. Es una forma de *Licomapa* (véase esta palabra).

Lologuara. — Hacienda que queda en las inmediaciones del pueblo de Guaimaca, en el departamento de Tegucigalpa. La verdadera forma de esta palabra, mitad mexicana y mitad lenca, es *Ologuara,* que significa "quebrada de los olotes". Se compone de *olotl*, carozo, *olote* y *guara*, quebrada.

Luquigüe. — Aldea del municipio de Yorito, en el departamento de Yoro. Por mucho tiempo fue el convento de Luquigüe el cetro de los trabajos emprendidos por los padres franciscanos para civilizar a los indios de los alrededores. La palabra tiene origen mexicano, aunque, según las reglas de este idioma, carece de terminación de nombre de lugar. El vulgo pronuncia *Liqugüe*. Luquigüe está por *La Ocuilhua*, siento esta última palabra un derivado étnico de *Ocuilhuacan*, "lugar que tiene gusanos".

M

Macancire. — Aldea del municipio de Curarén, en el departamento de Tegucigalpa. La *c* de *can* ha perdido la cedilla y por eso aparece con sonido fuerte; la *n* está de más; la ortografía de esta palabra es *mazacire*, que significa "agua de los venados", pues se compone de la palabra mexicana *maçatl,* venado, y de la lenca *quire, ire*, agua.

Maciguata. — Pueblo que pertenecía a San Pedro Sula y Puerto de Caballos. Significa en mexicano "abundancia de mujeres". Se compone de *macihuatl*, cierta clase de mujeres, y la abundancial *tla*.

Macuelizo. — Pueblo del departamento de Santa Bárbara; caserío del pueblo de Aramecina, en el departamento de Valle; caserío del pueblo de San Antonio de Flores, del departamento de Choluteca; y en plural, *Los Macuelizos*, caserío de San Marcos, en el departamento que se acaba de expresar. El *macuelizo* es un árbol que nos sirve para hacer yugos.

Magua. — Caserío del pueblo de Gualaco, en el departamento de Olancho. La verdadera ortografía de esta palabra es *Malgua*, gentilicio de *Malhuacan*, "lugar que tiene prisioneros de guerra". En las Antillas, *Magua* significa desconsuelo, y hay un puerto con este nombre. Un caserío del municipio de San Miguel Guancapla, en el departamento de Intibucá, se llama *Mangua*, que es el mismo *Magua*.

Maicupa. — Quebrada del departamento de Gracias. Significa en mexicano "en el agua de los malcotes". Se compone de *malcote*, un árbol parecido al roble, *atl*, agua, y *pan*, en.

Maigual. — Río y terreno del departamento de Santa Bárbara. Significa "río de las luciérnagas". Se compone de *mayatl*, luciérnaga, en mexicano, y *gual*, río.

Maiquimbre. — Hay un hito de los ejidos de Lepaterique con este nombre, que traducido en lengua castellana, dice el título, significa "lucinterna (¿luciérnaga?) que alumbra de noche". Esta traducción está buena para la primera parte, *mayatl*, pero falta la de la segunda, *quire*, que es agua.

Maiquira. — Caserío del municipio de San Francisco, en el departamento de Gracias. Significa, lo mismo que *Maiquimbre*, "agua de las luciérnagas".

Maire. — Caserío del municipio de Morolica, en el departamento de Choluteca. Significa "agua de las luciérnagas o escarabajos". Se compone de la palabra mexicana *mayatl*, escarabajo alado, y *li*, agua.

Maltún. — Varios terrenos del departamento de Copán tienen este nombre. Maitún le dicen los indios a la *correa* con que se afianza el machete *taco*. Como que la forma de esta palabra es *Maltón*, que significa en mexicano "Malan pequeña". Un pueblo de Olancho se llama *Manto*.

Majatique. — Pueblo extinguido de Honduras, perteneciente al partido de Gracias a Dios. Analizando esta palabra, puramente mexicana, la encontramos incompleta, en el caso de que sea buena su ortografía. Compónese de *maxac*, bifurcación, *ti*, partícula ligativa, y *c*, en. Significa "en la bifurcación", ¿pero de qué? Es posible que de las aguas, y entonces será el vocablo *Amaxatic*, igual al *Amaxac,* de México.

Malalaco. — Dice Velasco que a Jerez de Choluteca la llamaban los naturales Choluteca y *Malalaco*. Esta palabra significa en mexicano "en la tierra de los prisioneros de guerra". Se compone de *malli*, prisionero de guerra, *tlalli*, tierra, y *co*, en.

Malan. — Pueblo del repartimiento de la ciudad de Gracias a Dios. Significa en mexicano "lugar de prisioneros de guerra". Se compone de *malli*, prisionero de guerra, y *lan*, lugar.

Malapa. — Río del departamento de Santa Bárbara. Significa en mexicano "río de los prisioneros de guerra". Se compone de *malli*, prisionero de guerra, *atl*, agua, y *pan*, en.

Malaque. — Sitio de la comprensión municipal de Orica, en el departamento de Tegucigalpa. Es un gentilicio de *Malan*, o tal vez de *Malac*, formado como era costumbre en aquellos tiempos.

Malcinca. — Caserío del municipio de San Juan, en el departamento de Intibucá. Es nombre de un árbol, pero no en la forma que aparece, sino en la de *Macica*.

Malcote. — Lugar que hay en el municipio de Trinidad, departamento de Santa Bárbara. Es el nombre de un árbol parecido al roble.

Malcotosa. — Montaña del departamento de Comayagua. A la palabra indígena *malcote* (véase esta palabra) se le ha unido la terminación española *osa*.

Malera. — Terreno del departamento de Santa Bárbara. Es lo mismo que *Malguara* (véase esta palabra).

Malguara. — Caserío del municipio de Intibucá, en el departamento de este nombre. Significa "agua de los prisioneros de guerra". Se compone de *malli*, en mexicano, prisionero de guerra, y *guara*, agua, en lenca.

Malicre. — Caserío del municipio de Curarén, en el departamento de Tegucigalpa. Significa "agua de los prisioneros de guerra". Se compone de *malli*, prisionero de guerra, en mexicano, e *iri*, agua, en uno de los dialectos de Honduras.

Maliricote. — Caserío del municipio de Piraera, en el departamento de Gracias. Suponemos que es nombre de un árbol.

Maloa. — Río del departamento de Olancho. Significa en mexicano "río de la cautividad". Se compone de *mallotl*, cautividad, y *atl*, agua.

Malsincón. — Portillo del departamento de Gracias. Es un aumentativo español de *macica*, nombre de un árbol.

Mambaile. — Terreno del departamento de Choluteca. Esta palabra se ha formado de *Malhua*, gentilicio de *Malhuacan*, e *ili*, río, agua. Significa "agua de los malhuas" (véase *Magua*).

Mamencote. — Así se llama un cerro del departamento de Gracias. Si en el título que encontramos esta palabra no constara que era lo mismo que *Tenamencote*, no hubiéramos podido descifrarla. Es un aumentativo español de la azteca *tenamitl*, muralla, permutada la última *t* de *tenamitl* en *c*.

Mamisaca. — Aldea del municipio de Juticalpa, en el departamento de Olancho. La forma mexicana de esta palabra es *Mamazac*, que significa "en el agua de los mamastes". Se compone de *mamaztli*, una planta medicinal, *atl*, agua, y *c*, en.

Managuara. — Caserío del municipio de Lepaterique, en el departamento de Tegucigalpa. Significa "quebrada de los mamastes". Se compone de *mamaztli*, una planta, *atl*, agua, y *pan*, en.

Mandasta. — Aldea de San Lucas, en el departamento de El Paraíso; montaña de Texíguat, en el departamento expresado; y cerro de Curarén, en el departamento de Tegucigalpa. Significa en mexicano "abundancia de matates". Se compone de *matlat*, matate, y la abundancial *tla*.

Manchaguala. — Río afluente del Chamelecón, en el departamento de Cortés. Significa "río de los nances". Se compone de la palabra mexicana *nanche*, la planta *Bunchosia sp* y *guala*, agua, río.

Manguala. — Caserío del municipio de Curarén, en el departamento de Tegucigalpa. Lo mismo que *Maiguala* (véase esta palabra).

Mangulile. — Pueblo del departamento de Olancho, situado sobre el río de aquel nombre. Es de reciente fundación. Significa "cinco aguas". Se compone de la palabra mexicana *macuilli*, cinco, e *ili*, agua.

Mansaragua. — Aldea del municipio de Güinope, en el departamento de El Paraíso. En mexicano, *Mazahua* es gentilicio de *Mazahuacan*, "lugar que tiene venados", compuesto de *mazatl*, venado, y *huacan*, partícula posesiva e indicativa de lugar. Sobre el *la* convertida en *ra* (véase *Guaraguastaca*).

Mapachín. — Caserío del municipio de Nacaome, en el departamento de Valle. El *mapachín*, en azteca *mapach* o *mapachtli*, es una especie o variedad de tejón, que se alimenta de granos y a veces de pescado.

Mapagua. — La ortografía del nombre de este pueblo antiguo es *Mapachhua*, derivado étnico de *Mapachhuacan*, en mexicano, "lugar que tiene mapachines".

Mapulaca. — Pueblo del departamento de Gracias, situado en una localidad plana y a un cuarto de legua del río Lempa. Significa en mexicano "en el agua donde hacen lodo". Se compone de *maitl*, mano, *poloa*, hacer lodo, amasar arcilla, *atl*, agua, y *c*, en. Tal vez "en el agua de los alfareros".

Maquilizal. — Paraje del departamento de Santa Bárbara. Significa "abundancia de macuelizos" (véase *Macuelizo*).

Maquinapa. — Aldea de la isla de Roatán, en el departamento de las Islas de la Bahía. Significa en mexicano "en las cinco aguas". Se compone de *macualli*, cinco, *atl*, agua, y *pan*, en.

Maragua. — Caserío del municipio de Meámbar, en el departamento de Comayagua. Significa lo mismo que *Magua* (véase esta palabra).

Maraita. — Pueblo del departamento de Tegucigalpa. Significa en mexicano "dentro de los prisioneros de guerra", es decir, en el interior de las tierras que estos ocupan. Se compone de *malli*, prisionero de guerra, e *itic*, dentro, en lo interior.

Marale. — Pueblo del departamento de Tegucigalpa, situado veintinueve leguas al noroeste de la capital de la República. Significa "agua de los prisioneros de guerra". Se compone de la palabra mexicana *malli*, prisionero de guerra, y *li*, agua, en uno de los dialectos de Honduras.

Marcana. — Ciudad del departamento de La Paz, situada en una planicie rodeada de montañas y limítrofe a la República de El Salvador. Significa en mexicano "lugar de cárceles". Se compone de *malcalli*, cárcel, presidio, y *la*, partícula abundancial.

Marcaragua. — Sitio del departamento de La Paz. *Malcalli*, compuesto de *malli*, prisionero de guerra, y *calli*, casa, era una parte del palacio en que se custodiaba a los prisioneros, según Sahagún; *Malcalhuacan* es lugar que tiene cárceles para prisioneros; y *Malcalhua*, o *Malcalagua*, es el gentilicio de *Malcalhuacan*.

Marcayo. — Que también se llamaba *Lemoa*, según afirma don Pedro de Alvarado en su repartimiento. Es palabra mexicana, siendo su ortografía *Macayo*, nombre de la leguminosa *Andira excelsa*, H. B. K.

Marcolo. — Caserío del municipio de Santa Rosa, en el departamento de Copán. Significa en mexicano "lugar de castigo de prisioneros de guerra". Se compone de *malli*, prisionero de guerra, y *colotl*, alacrán, y en sentido figurado, castigo. La terminación de lugar se sobreentiende.

Masaguara. — Villa del departamento de Intibucá, situada a orillas de la quebrada de su nombre y al sur del valle de Jesús de Otoro. Significa "quebrada del venado". Se compone de la palabra mexicana *mazatl*, venado, y *guara*, quebrada, en lenca.

Masala. — Sitio del departamento de Comayagua. Si no es una adulteración de *Mazatla*, "lugar abundante en venados", puede provenir de los elementos mexicanos *malli*, prisionero de guerra, y *tzalan*, entre.

Masapa. — Río del departamento de Santa Bárbara. Significa en mexicano "en el agua de los venados". Se compone de *mazatl*, venado, *atl*, agua, y *pan*, en.

Masatepe. — Terreno del departamento de Olancho. Significa en mexicano "cerro del venado". Se compone de *mazatl*, venado, y *tepetl*, cerro.

Masca. — En la Nómina de los pueblos de la Provincia de Comayagua encontramos los de *Masca* y *San Pedro de Masca*, entre los del río de Ulúa y jurisdicción de San Pedro. Significa en mexicano "lugar de mastates o bragueros". Se compone de *maxtlatl*, pañete o braguero, y *can*, lugar. El análisis de *Amaxtlan*, hecho por el señor Peñafiel, da mucha luz sobre la etimología de esta palabra y confirma la que nosotros le hemos dado (véase *Jamastrán*).

Maspa. — Montaña del pueblo de Trinidad, en el departamento de Santa Bárbara. Significa en mexicano "en los pañetes o bragueros". Se compone de *maxtlatl*, pañete o braguero, y *pan*, en.

Matagua. — Sitio del distrito de Yoro, en el departamento de este nombre. *Matlahuacan*, "lugar que tiene matates". En mexicano nos da como derivado étnico *Matlahua*.

Matailapa. — Terreno del departamento de Gracias. Significa en mexicano "en el agua de los matalines". Se compone de *matalin*, una planta de donde se saca un color verde oscuro, *atl*, agua, y *pan*, en.

Mayaniepa. — Pueblo de los del repartimiento de don Pedro de Alvarado. Significa en mexicano "en el agua de la tierra de los prisioneros de guerra". Se compone de *malli*, prisionero de guerra, *tlalli*, tierra, *atl*, agua, y *pan*, en.

Mazaguaca. — Terreno en el término municipal de la villa de Guarita, departamento de Gracias. Significa en mexicano "lugar que tiene venados". Se compone de *mazatl*, venado, y *huacan*, partícula posesiva e indicativa de lugar.

Mea. — Valle perteneciente al pueblo de Corquín, en el departamento de Gracias, y citado en el censo del señor obispo Cadiñanos. Significa en mexicano "agua del maguey". Se compone de *metl*, maguey, y *atl*, agua.

Meámbar. — Pueblo del departamento de Comayagua, situado catorce leguas al norte de la cabecera del departamento. No acertamos, dad la ortografía de la palabra, con la terminación de ella. El primer elemento es *miahuatl*, "la espiga y la flor de la caña del maíz" en mexicano; la segunda será *gual*, agua. *Meámbar* es "agua de las espigas y de las flores de caña de maíz".

Mejocote. — Caserío del municipio de Gracias, en el departamento del mismo nombre. No sabemos si este caserío sean los restos del pueblo de *Mejocote*, al que se le concedieron ejidos el año de 1740. Con esta palabra se designa una especie de maguey, *mexocotl*.

Meracapa. — Terreno del departamento de Colón. Significa en mexicano "en el agua extensa". Se compone de *melactic*, alargado, extendido, *atl*, agua, y *pan*, en.

Merapa. — Río del departamento de Yoro. Significa en mexicano "en el agua de los campos cultivados". Se compone de *milli*, campo cultivado, *atl*, agua, y *pan*, en.

Merendón. — Montaña que se encuentra al oeste del departamento de Copán, y a medida que va extendiéndose hacia el norte, va tomando los nombres de Gallinero, Grita y Espíritu Santo. Significa en mexicano "Malan pequeño". Se compone de *Malan* (véase esta palabra), nombre de un pueblo de Honduras, y *ton*, terminación de diminutivo, apócope de *tontli*.

Metapa. — Sitio del departamento de Tegucigalpa. Significa en mexicano "río de las piedras de moler". Se compone de *metatl*, piedra de moler, metate, *atl*, agua, y *pan*, en.

Mexicapa. — Pueblo extinguido, inmediato a Comayagua, en el departamento de este nombre. Significa en mexicano "en el agua de los mexicanos". Se compone de *mexica*, plural de *mexicatl*, mexicano, *atl*, agua, y *pan*, en.

Mianguera. — Isla de Honduras, en el Golfo de Fonseca, que hoy está en poder de El Salvador sin título alguno. En la Nómina de los pueblos de la Provincia de Comayagua, relacionados con motivo del cobro de las penas de Cámara (años de 1684 a 1685), está escrito *Isla de Miangola*. Significa "agua de las espigas y de las flores de caña de maíz". Se compone de *miahuatl*, la espiga y la flor de la caña de maíz, y *guara*, agua, río.

Mingual. — Río del departamento de Gracias. Significa "río de las flechas". Se compone de la palabra mexicana *mitl*, flecha, y *gual*, agua, río.

Mirajuco. — Río afluente del Aguán, del departamento de Yoro. Esta palabra no tiene terminación que indique ser nombre de río. Creemos que proviene del verbo azteca *milxocoa*, "poner límites para separar unos campos de otros".

Miscora. — Valle que, en el censo del obispo Cadiñanos, pertenecía al curato de Gracias a Dios, en 1791. Significa "agua del pescado". Se compone de *michin*, pescado, y *guara*, agua, quebrada.

Misdala. — Quebrada de la villa de Pespire, en el departamento de Choluteca. Significa en mexicano "lugar de tierras de leones". Se compone de *miztli*, león, *tlalli*, tierra, y la abundancial *la*.

Misoco. — Montaña del departamento de Olancho. Probablemente servía de línea divisoria en las tierras de los aborígenes, porque el verbo azteca *milxocoa* significa poner límites en los campos.

Mocal. — Río del departamento de Copán, afluente del Sumpul. Significa "río de los mohuites". Se compone de *mohuitle*, la planta *Justicia coccinea*, Moc. et Sess., en mexicano, y *gual*, río, en uno de los dialectos de Honduras.

Mololoa. — A dos leguas de la ciudad de Tegucigalpa, por el camino para Santa Lucía, y en cuanto concluye el valle en que está la capital de la República, comienza una cuesta bastante escarpada, que tiene el nombre con que encabezamos estas líneas, al pie de la cual corre la quebrada del mismo nombre. Suponemos que la forma azteca de esta palabra es *Mololhua*, de *Mololhuacan*, lugar que tiene cuestas. El señor Buelna traduce "presa de agua", derivándolo, de *mololo*, arrezagado, y *atl*, agua.

Mononteca. — Caserío del pueblo de Lepaterique, en el departamento de Tegucigalpa. La palabra que analizamos es *Moloteca*, plural de *molotecatl*, gentilicio de *Molotlan*, lugar de gorriones.

Monteca. — Nombre de un sitio del departamento de Comayagua. La forma mexicana de esta palabra es *Molteca*, plural gentilicio de *Mollan*. (Véase Moyen).

Moramulca. — Caserío y río del municipio de San Isidro, en el departamento de Choluteca. Está de más el *ra* que representa la sílaba *la*. *Momulcan* significa en mexicano "lugar de hervideros o remolinos". Se compone de *momulli*, remolino o hervidero, y *can*, lugar.

Moray. — Caserío del municipio de Orocuina, en el departamento de Choluteca. Con aquel nombre es conocido el roble en algunos puntos de la Repúblcia.

Morocopaire. — Terreno del departamento de Choluteca. *Molocopa*, o mejor *Molocopan*, es un nombre geográfico completo, según las reglas del mexicano. Significa "en los gorriones", por componerse de *molotl*, gorrión, y *copa*, en. Parece que después se le agregó la terminación *ire*, agua, en uno de los dialectos de Honduras.

Morolica. — Pueblo del departamento de Choluteca, situado en la confluencia de los ríos Choluteca y Texíguat. Significa en mexicano "en el agua de los gorriones". Se compone de *molotl*, gorrión, *atl*, agua, y *c* en. Según las otras palabras que hemos analizado, la forma de esta sería *Mololac*; pero por este lado, el *la*, que representa a *atl*, agua, se ha convertido en *li*.

Moroselí. — Pueblo del departamento de El Paraíso, situado en el valle que lleva su nombre, tres leguas al este del río Choluteca. Significa "río de los gorriones". Se compone de *molotl*, gorrión, en mexicano, e *ili*, agua, río, en uno de los dialectos de Honduras.

Morrocoy. — Terreno del municipio del pueblo de Trinidad, en el departamento de Copán. El morrocoy es un "testáceo indígena", dice el señor García, citado por Bachiller y Morales. Este sabio cree dudoso que la voz sea indígena.

Mosonteca. — Caserío de la villa de Pespire, en el departamento de Choluteca. Es el gentilicio plural de *Mozotlan*, "lugar de mozotes". (Véase la palabra siguiente).

Mosontes. — Caserío del municipio de Güinope, en el departamento de El Paraíso. Es la palabra mexicana *mozotl*, nombre de una planta.

Motagua. — Aldea de Omoa, en el departamento de Cortés; caserío de Santa Rita, en el departamento de Copán, y río que en una parte sirve de línea divisoria a las Repúblicas de Guatemala y Honduras. *Motahuacan*, cuyo gentilicio es *Motahua*, significa en mexicano "lugar que tiene motates". Se compone de *motatl*, una especie de piñuela (*Bromelia piñuela*), y *huacan*, partícula posesiva e indicativa de lugar.

Motochoapa. — Pueblo del repartimiento de don Pedro de Alvarado, el cual quedaba en las riberas del río Ulúa. Significa en mexicano "en el agua de las ardillitas". Se compone de *mototli*, ardilla, *tzintli*, partícula para formar diminutivos, *atl*, agua, y *pan*, en. Esta palabra tiene también la forma de *Motochiapa*.

Moyen. — Pueblo nombrado en la Geografía de Velasco. Significa en mexicano "lugar de salsas". Se compone de *molli*, salsa, y *lan*, lugar. Lo que ha habido en esta palabra es que a las dos *eles*, que suenan en mexicano como *l*, se les ha dado el sonido de *y*.

Mucupina. — Terreno y río del departamento de Olancho. Nada indica que sea nombre de lugar, pero si palabra mexicana. Se notan en ella los componentes *molli*, salsa, y el verbo *copina*, que podemos traducirlo por hacer.

Mulacagua. — Hay un lugar en la comprensión municipal de Lepaterique, departamento de Tegucigalpa, donde existen unas cuevas de los aborígenes, las que tienen aquel nombre. Nos atravesamos a proponer, por interpretación, el considerar el término como derivado étnico de *Mulcahuacan*, "lugar donde hay molcajetes", los cuales eran unos utensilios que servían a los indios para preparar la salsa de chile. Sobre el *la* de *mula*. (Véase *Guaraguastaca*).

Mulhuaca. — Aldea del municipio de Lepaterique, en el departamento de Tegucigalpa. Significa en mexicano "lugar que tiene salsas". Se compone de *mulli*, salsa, y *huacan*, partícula posesiva e iniciativa de lugar.

Mungual. — Caserío del municipio de Las Flores, en el departamento de Gracias. Significa "agua de las salsas". Se compone de la palabra mexicana *mulli*, salsa, y de la lenca *gual*, agua.

Munuare. — Terreno de Tegucigalpa donde hay unas minas de cal en explotación. Significa "quebrada de las ratoneras". Se compone de la palabra mexicana *montli*, trampa para coger ratones, y *guara*, quebrada.

Murula o Musula. — Terreno de Intibucá, en el departamento del mismo nombre. Significa "abundancia de mulules". Se compone de *mulule*, un arbusto que se utiliza para curar la *murriña*, y la abundancial *la*.

N

Nacaome. — Ciudad cabecera del departamento de Valle, situada en una hermosa planada y a la orilla del río de aquel nombre. El padre Vásquez en sus *Crónicas*, y el literario nicaragüense don Enrique Guzmán, dicen que *Nacaome* significa "dos carnes". Aunque el numeral azteca *ome*, dos, siempre lo hemos visto antepuesto a las palabras que determina, no tenemos otra interpretación que presentar, y además la tradición confirma la que han dado las autoridades citadas. Dice el padre Vásquez: "Ninguna diferencia hay en el todo de estas calamidades entre este pueblo (*Amapal*) y el de *Nacaome*, que a muchos años comenzó a despoblarse, y aun sus naturales lo atribuyen a profecía de sus mayores, implícita en su mismo nombre; porque *Nacaome* quiere decir "que ha de quedar en dos el pueblo". Los componentes de la palabra son *nacatl*, carne, y *ome*, dos.

Nacascolo. — Caserío del municipio de Morolica, en el departamento de Choluteca. Es la palabra mexicana *nacazcolotl*, nombre de la leguminosa *Casalpinia coriaria*, Wild. El fruto de esta planta parece una oreja torcida, y por eso se le llama *nacazcolotl*, de *nacaztli*, oreja, *colotl*, de *coltic*, torcido. Nosotros siempre decimos *nacascolo*, que se aproxima a la forma de Hernández, *nacazcol*; pero en documentos antiguos hemos visto escrito *nacascolote*.

Naco. — Hay un valle y un río en el departamento de Santa Bárbara que tienen aquel nombre, lo mismo que un pueblo extinguido que existía cuando la conquista. Su forma azteca es *Nalco*, "en la ribera", compuesto de *nalli*, o *analli*, ribera, y *co*, en.

Nagala. — Pueblo de la ciudad de Gracias a Dios, que aparece en el repartimiento de don Pedro de Alvarado. Significa en mexicano "pueblo de la ribera". Se compone de *nalli* o *analli*, ribera, y *calla*, pueblo, reunión de casas.

Nagarejo. — Caserío del municipio de Nacaome, en el departamento de Valle. Hay varios sitios en el mismo departamento con aquel nombre; el más antiguo fue medido en 1711, a favor de Juan

Bautista Fuentes. *Nagarejo* parece un diminutivo español de *Nagala*. (Véase esta palabra).

Naguara. — Terreno del departamento de El Paraíso. Significa "agua de los brujos". Se compone de naualli, *brujo, en mexicano, y guara*, agua, en lenca.

Naguatepe. — Caserío del municipio de Danlí, en el departamento de El Paraíso. Significa en mexicano "cerro de los brujos o hechiceros". Se compone de *naualli*, brujo o hechicero, según Rémi Simeón (para nosotros el animal que adora un indio), y *tepetl*, cerro.

Naguaterique. — Caserío de la ciudad de Marcala, en el departamento de La Paz. Aseguran algunos indios ancianos que antes se pronunciaba *Naterigui*, y la tradición dice que esta palabra significa "cerro de la audiencia". Extendido como estaba por todo esto el *nagualismo*, es posible que en este cerro tuvieran los *naguales*, y de ahí su nombre, que traducido literalmente es "cerro de los naguales", de *naualli*, hechicero, y *terigui*, cerro, en lenca. En los *Hondureñismos* consignamos: "Nagual-Naualli, azteca. — El animal que tiene una persona de compañero inseparable". Mr. Charencey, citado por Milla, da la siguiente explicación del *nagualismo*: "Es una forma de zoolatría, muy usada en ciertas poblaciones del Nuevo Mundo, una especie de consagración del hombre al *nagual*, o la divinidad encarnada, por decirlo así, bajo la apariencia de un animal". La creencia en los *naguales* no ha desaparecido de la raza aborigen ni de la gente ignorante del pueblo.

Namasigüe. — Pueblo del departamento de Choluteca, situado en una planicie rodeada de cerros y muy próxima al Pacífico. Esta palabra está escrita en el censo del señor obispo Cadiñanos *Namacigüel*, lo que indica que este último componente es *cihuatl*, mujer. La palabra es *Amacihuatl*, que significa en mexicano "agua de las mujeres". Se compone de *atl*, agua, y *macihuatl*, cierta clase de mujeres.

Namale. — Río del departamento de El Paraíso. Significa "río de los amates". Se compone de *amatl*, amate, en mexicano, y *li*, agua, en uno de los dialectos de Honduras.

Nance. — Aldea del municipio de Campamento, en el departamento de Olancho. Es el nombre de un árbol perteneciente a las malpigiáceas, de que hay varias especies. En algunos documentos antiguos se lee *nanche*, y en la República de Nicaragua dicen *nancite*. Hay una aldea de Sabanagrande, en el departamento de Tegucigalpa, llamada *Los Nanzales*.

Nanchapa. — Cerro que hay en el pueblo de Trinidad, en el departamento de Santa Bárbara. Significa en mexicano "en el agua de los nances". Se compone de *nance*, un árbol así llamado, *atl*, agua, y *pan*, en. Esta palabra confirma lo que dijimos en *Nance*, que antes se pronunció *nanche*.

Naopochota. — La ortografía mexicana del pueblo de este nombre, el que entró en el repartimiento del adelantado Alvarado, es *Nauhpochotlan*, que significa "junto a las cuatro ceibas". Se compone de *nahui*, cuatro, *Pochotl*, ceiba, y *tlan*, junto.

Naraco. — Caserío del municipio de Danlí, en el departamento de El Paraíso. Es el nombre de un árbol.

Navijupe. — Aldea del municipio de San Lucas, en el departamento de El Paraíso, y nombre de una montaña del mismo departamento. Significa en mexicano "en las cuatro aguas". Se compone de *nahui*, cuatro, *atl*, agua, y *pan*, en.

Necuxa. — *Necucan* ha de ser el nombre de este pueblo, repartido por don Pedro de Alvarado. Significa en mexicano "lugar de mieles". Se compone de *neculli*, miel, y *can*, lugar.

Nejapa. — Sitio del departamento de Santa Bárbara. Significa en mexicano "en el agua de la ceniza". Se compone de *nextli*, ceniza, *atl*, agua, y *pan*, en.

Neteapa. — Río y terreno del departamento de El Paraíso. Significa en mexicano "en el agua de la piedra de cal". Se compone de *nextli*, ceniza, *tetl*, piedra, *atl*, agua, y *pan*, en.

Nocoro. — Vertiente de agua que hay en las inmediaciones de la ciudad de Tegucigalpa, al norte. Es lo mismo, etimológicamente, que *Jocoro*. (Véase esta palabra).

O

Oajaca. — Caserío del municipio de Gualaco, en el departamento de Olancho. Según el señor Peñafiel, esta palabra significa "en la cima de los huajines (guajes)". Se compone de *uaxin*, la planta *Acacia esculenta*, Linn, *yacatl*, nariz, y *c*, en. Un caserío de La Iguala, en el departamento de Gracias, se llama *Ojaca*, que suponemos es la misma palabra.

Ocoa. — Sitio en la comprensión municipal de la ciudad de Trujillo, en el departamento de Colón. La forma azteca es *Ocohua*, derivado étinco de *Ocohuacan*, lugar que tiene ocotes o pinos.

Ocomán. — Terreno del departamento de Comayagua. Significa en mexicano "lugar donde se cortan pinos". Se compone de *Ocotl*, pino, *ma*, que significa la acción de cortar, y *n*, lugar.

Ocotala. — Terreno medido a solicitud del común de Guarajambala, en el departamento de Gracias. Significa en mexicano "pinar, ocotal". Se compone de *Ocotl*, pino, *tlalli,* tierra, y la abundancial *la*.

Ocotepeque. — Ciudad del departamento de Copán, situada en un estenso valle, a orillas del río Lempa. Significa en mexicano "en el cerro de los ocotes". Se compone de *ocotl*, ocote, pino, *tepetl*, cerro, monte, y *c*, en.

Ofuera. — Con este nombre y con el de *Ojocra* era conocido un pueblo que perteneció al partido de Tencoa. En el mapa de Squier aparece al oeste del lago de Yojoa. Tomaremos la última forma, *Ojoera*, porque la *f* no es del alfabeto mexicano. Esta *j* es una *h* que se ha aspirado mucho. La ortografía de la palabra es *Ohuara*, de *ohuatl*, espiga de maíz, y *guara*, agua, río. Significa "agua de las espigas de maíz".

Ojojona. — Pueblo del departamento de Tegucigalpa, situado en el descenso del cerro de Hule y distante de la capital unas seis leguas.

131

En la Geografía de Velasco está escrito *Xoxonal*, y todavía el pueblo pronuncia *Jojona*. Significa en mexicano "agua verdosa". Se compone de *xoxouqui*, verdoso, y *atl*, agua. La conversión de la *u* en *n*, dice el señor Peñafiel es por eufonía.

Ojuchal. — Lugar del departamento de Choluteca. Significa esta palabra, mitad mexicana y mitad española, "abundancia de ojuches". Se compone de la palabra mexicana *ojuche*, una planta cuya hoja sirve de forraje a las caballerías, y la abundancial castellana *al*.

Ojustal. — Caserío del municipio de Juticalpa, en el departamento de Olancho. Significa lo mismo que *Ojuchal* (véase esta palabra). La diferencia de forma que se nota proviene de que los cholutecas han castellanizado a *oxotzin*, que parece ser la forma de esta palabra, mientras que los olanchanos pronuncian, acercándose a como en la actualidad pronuncian en México: *Ojite*.

Ola. — Terreno del departamento de Choluteca. Significa en mexicano "abundancia de hule". Se compone de *olli* o *ulli*, goma elástica (*Siphonia elástica*), y la abundancial *la*.

Olancho. — Nombre de uno de los departamentos más ricos que tiene la República. La interpretación de esta palabra nos ha hecho meditar mucho sobre de qué proviene la última sílaba; hasta que en la Historia de las Indias, por Gómara, leímos *San Jorge Blanco*. Claro está que la sílaba *co* se ha debilitado hasta quedar en *cho*. La forma mexicana de la palabra sería *Ollalco*, que significa "en la tierra del hule". Se compone de *olli*, hule, goma elástica, *tlalli*, tierra, y *co*, en. En las cartas de Cortés hay *Huilacho*, y aun en el mismo Gómara, *Huictlato*.

Olistasmaya. — Pueblo del repartimiento de don Pedro de Alvarado. La forma azteca de esta palabra es *Olintlalmayan*, que significa "lugar donde hay temblores de tierra". Se compone de *olin*, movimiento, *tlalli*, tierra, *ma*, que la traduciremos por hacer, y *yan*, lugar.

Olocingo. — Aldea del municipio de Guarita, en el departamento de Gracias. *Blocingo* está escrito en el repartimiento de don Pedro de Alvarado. Significa en mexicano "en los olotillos". Se compone de *olotl*, olote, carozo, *tzintli*, terminación de diminutivo, y *co*, en.

Olola. — Creía que la forma azteca de esta palabra, con que se designa un plan que hay en el pueblo de Trinidad, del departamento de Santa Bárbara, era *Olotla*; pero hay una planta llamada *ololtic*, la que no se conoce, y pudiera ser que en dicho plan abundara, y por esto llevar el nombre de *Olol-la*.

Olomán. — Terreno del departamento de Yoro. Siendo buena la ortografía de esta palabra, significa en mexicano "lugar donde se recogen olotes". Se compone de *olotl*, carozo, *ma*, que representa la acción de tomar, y *n*, lugar.

Olontepe. — Pueblo del repartimiento de don Pedro de Alvarado. Significa en mexicano "cerro de temblores". Se compone de *olin*, temblor, y *tepetl*, cerro.

Olubre. — Caserío de Aramecina, en el departamento de Valle, inmediato al río Goascorán. Significa "agua de los olotes". Se compone de *olotl*, olote, carozo, en mexicano, y *li*, agua, en uno de los dialectos de Honduras.

Omoa. — Ciudad del departamento de Cortés y uno de los principales puertos de Honduras en el mar Caribe, durante la colonia y aun ahora después. Hoy es puerto menor, porque su comercio ha decaído desde que se habilitó a Puerto Cortés. En el repartimiento de don Pedro de Alvarado está escrito *Comoa*. La última *a* no siempre podemos traducirla por *agua*, por no permitirlo el otro componente, por más que haya de este líquido en abundancia en el lugar designado por la palabra. *Omoa*, o *Comoa*, proviene de *Comolli* o *Comulli*, un utensilio para hacer guisados; la *a* es sílaba *hua*, tan común en los nombres geográficos de Honduras, que, al unirse a la palabra, a la que se le ha debilitado el sonido de la *l*, forma un todo casi contracto.

Comoa está, pues, por *Comol – hua*, derivado étnico de *Comolhuacan*, lugar donde hay de aquellos utensilios.

Omonchoco. — Río del departamento de Gracias. Metátesis de *Oxomoco*, nombre de una divinidad de los indios mexicanos.

Omoson. — Pueblo extinguido del departamento de Choluteca. Siguiendo la ortografía de Alvarado que consignamos en el análisis de la palabra anterior, proponemos para esta la forma *Comultzin*, que significa en mexicano "vasitos de hacer guisados".

Opalaca. — En el último censo no aparece esta población del departamento de Copán. Significa en mexicano "en el agua de los ocpates". Se compone de *ocpatli*, una planta que servía a los indios para la fabricación del vino de maguey, *atl*, agua, y *c*, en.

Opare. — Así, y bajo la forma de Upare, es conocida una montaña distante como tres leguas al sudeste de Tegucigalpa. Significa "agua de los ocpates". Se compone de *ocpatli*, panta que servía para la fabricación del vino de maguey, y *li*, agua.

Opatoro. — La forma mexicana de esta palabra, con que llamamos un pueblo del departamento de La Paz, parece ser *Quauhpatolla*, que significa "lugar de juegos". Se compone de *quauhpatolli*, juego, y la abundancial *la*.

Opaya. — Terreno del departamento de Gracias. *Ocpayan* significa en mexicano "lugar de ocpates". Se compone de *ocpati*, una planta que servía para la fabricación del vino, y *yan*, que en muy raros casos se junta a nombres, y que vale lugar.

Opicasaca. — Terreno del departamento de Choluteca. La ortografía mexicana de esta palabra es *Opitzacac*, que significa "en el agua de los caminos estrechos". Se compone de *opitzactli*, vereda, *atl*, agua, y *c*, en.

Opimuca. — Caserío del municipio de La Venta, en el departamento de Tegucigalpa. La forma mexicana de esta palabra es *Topimacan*, que significa "lugar donde se cazan lagartijas". Se compone de *topitl*, lagartija, *ma*, que representa la acción de cazar, y *can*, lugar.

Opoa. — Este pueblo antiquísimo a quedado reducido a una aldea del departamento de Copán. Con aquel nombre hay también un río afluente del Santiago o Venta. *Opoa*, como otros que terminan en *oa*, los suponemos contractos. Los tres elementos mexicanos que vemos en esta palabra son: *o*, de *otli*, camino, *pol*, desinencia para formar aumentativos, y *hua*, de *huacan*, partícula posesiva e indicativa de lugar. El nombre completo es *Opolhuacan*, "lugar que tiene grandes caminos"; el gentilicio de este es *Opolhua*, que se ha contraído en nuestro *Opoa*.

Opoteca. — Ciudad del departamento de Comayagua, situada en la pendiente de una alta colina, muy escarpada, que queda al sudoeste de la población. Su nombre actual es El Rosario. La terminación *teca* indica que la palabra es un gentilicio de *Opolla*, "lugar de grandes caminos".

Oquilpile. — Pueblo de los repartidos por don Pedro de Alvarado. Significa en mexicano "abundancia de gusanitos". Se compone de *ocuilin*, gusano, la terminación de diminutivo *pil* y la abundancial *la*.

Oquintereque. — Con este nombre es conocido un cerro que sirve de hito a los ejidos del pueblo de Lepaterique, en el departamento de Tegucigalpa. En el título respectivo consta su traducción, que es "cerro del cervato". La verdadera ortografía de esta palabra es *Agüinterigui*, que se compone de dos palabras lencas, *agüingui*, venado, y *lerigui*, cerro.

Oraya. — Pueblo del repartimiento de don Pedro de Alvarado. Significa en mexicano "lugar donde se juega a la pelota". Se compone de *ollama*, jugar a la pelota, y *yan*, lugar.

Oriali. — Río y terreno del departamento de El Paraíso. En un título de tierras leímos que significaba "río del oro"; pero para nosotros es "río del hule". Se compone de la palabra mexicana *olli*, goma elástica, e *ili*, agua, río. La *a* es eufónica.

Orica. — Pueblo del departamento de Tegucigalpa. En el repartimiento de Alvarado y en la Geografía de Velasco está escrito *Oricapal*. Significa en mexicano "cerca de la casa del ungüento" (donde se hace, se entiende). Se compone de *oxitl*, una especie de ungüento que hacían los aborígenes con la trementina, *calli*, casa, y *pal*, cerca.

Orocuina. — Pueblo del departamento de Choluteca, situado en la margen del río de aquel nombre y a seis leguas de la cabecera departamental. *Oloaquina*, como escribe Velasco en su Geografía, está por *Oloquira*, *Oloquire*, que significa "río de los olotes". Se compone de la palabra mexicana *olotl*, carozo, y *quire*, río.

Oromilaca. — Aldea de la ciudad de Santa Rosa, en el departamento de Copán. Significa "en el agua de las olominas". Se compone de *olomina* (*porcilia vivípara*), *atl*, agua, y *c*, en.

Oropolí. — Pueblo del departamento de El Paraíso, situado en un hermoso valle y a la orilla del río de aquel nombre. Significa "río de los grandes olotes". Se compone de *olotl*, olote, carozo, zuro, *pol*, terminación para formar aumentativos, en azteca, y *li*, agua, río.

Oroteca. — Población del repartimiento de don Pedro de Alvarado. Es el gentilicio de *Olotlan*, "lugar de olotes". Se compone esta última palabra de *olotl*, zuro, y *tlan*, lugar.

Osicamairo. — Valle de Texíguat, de los del censo del señor Cadiñanos. Significa "río de las jícamas". Se compone de la palabra mexicana *quauhxicamatl*, jícama, una raíz comestible, e *ire*, agua, río.

Osucarán. — Terreno del departamento de Choluteca. Significa en mexicano lo mismo que *Guasucarán*. (Véase esta palabra).

Otoro (Jesús de). — Pueblo del departamento de Intibucá, situado en el centro del valle de su nombre. Antes se llamaba *Jurla*. Parece ser la palabra *Atolla*, que significa en mexicano "lugar de atoles", es decir, lo mismo que *Jurla*.

Otuta. — Terreno del departamento de Copán. Significa en mexicano *Oztotla*, que es la forma de la palabra, "lugar de cuevas". Se compone de *oztotl*, cueva, y la abundancial *tla*.

Ouyuca. — Terreno del departamento de Yoro. Es lo mismo que *Uyuca*. (Véase esta palabra).

Oyoto. — Es un cerrito de figura cónica que hay al norte de San Marcos, en el departamento de Choluteca. Parece un diminutivo de una palabra que tiene la forma de *Oyotl*, o tal vez de *Yoyotl*, la planta *Jatropha triloba*, Moc. et Sess.

P

Pacayal. — Aldea del municipio de Gualaco, en el departamento de Olancho. Significa "abundancia de pacayas". Se compone de *pacaya*, nombre de un arbusto de hojas de palma, y *al*, terminación española que indica abundancia.

Palaja. — Sitio del departamento de Santa Bárbara. Parece ser su forma mexicana *Palac*, que traduciremos por "en el agua de la tierra negra". Se compone de *palli*, barro negro para teñir, *atl*, agua, y *c*, en.

Palalá. — Caserío del municipio de La Unión, en el departamento de Olancho. Significa en mexicano "abundancia de tierra negra". Se compone de *palli*, negro, *tlalli*, tierra, y la abundancial *la*. Es posible que una de estas últimas sílabas esté de más.

Palane. — Terreno del departamento de Gracias. Significa en mexicano "lugar de tierra negra". Se compone de *palli*, barro negro para teñir, y *lan*, lugar.

Panasacarán. — Aldea del municipio de Coray, en el departamento de Valle. Nótanse en esta palabra los siguientes elementos mexicanos: *pan*, de *pantli*, bandera, estandarte, hilera, *atza*, de *atzacua*, cerrar el agua para que no se salga, *cal*, de *calli*, casa, y *lan*, que indica lugar. La traduciremos "lugar de casas donde hay compuertas en hilera".

Panguaca. — Caserío del municipio de Nacaome, en el departamento de Valle. Significa en mexicano "lugar que tiene caños de agua". Se compone de *apantli*, caño de agua, y *huacan*, partícula posesiva e indicativa de lugar.

Panoa. — Río del departamento de Yoro. Significa en mexicano "vado del río". Se compone de *pano*, pasar el río, y *atl*, agua.

Pantaguaca. — Sitio del departamento de Comayagua. Significa en mexicano "en el agua extensa". Se compone de *atl*, agua, que ha desaparecido, *patlahuac*, extenso, largo.

Panuaya. — Aldea del municipio de Juticalpa, en el departamento de Olancho. Significa en mexicano "lugar por donde se pasa el río", vado. Se compone de *pano*, pasar el río, y *yan*, lugar.

Papaloteca. — Terreno del departamento de Colón. Significa en mexicano "naturales de Papalotlan", un lugar de México cerca del lago Tetzcuco. *Papalotlan* es lugar de mariposas, de *papalotl*, mariposa, y *tlan*, lugar.

Papayela. — La ortografía del nombre de este pueblo, el que estaba seis leguas al sur de Trujillo, es varia. Cortés, en sus cartas, dice *Papayeca*; Gómara, *Papaica*; y Velasco, *Papayela*. Parece ser su primer componente el verbo azteca *papayana*, deshacer terrones de tierra, y el segundo, *can*, lugar. Será todo "lugar donde se deshacen terrones de tierra".

Pashapa. — Caserío del municipio de San Marcos, en el departamento de Copán, y nombre de un río del expresado departamento. Significa en mexicano "en el agua del paste". Se compone de *pachtli*, una cucurbitácea o una parásita, *atl*, agua, y *pan*, en.

Pasquingual. — Río del departamento de Copán. Es el mismo Merendón al principiar su curso. Nos atrevemos a traducirla "río de los pastecitos". Se compone de *pachtli*, una cucurbitácea o una parásita, *tzintli*, terminación para formar diminutivos, y *gual*, agua, río.

Pasur. — Terreno del departamento de Choluteca. (Véase *Apasurú*).

Pataste. — Caserío de Catacamas, en el departamento de Olancho, y de Virginia, en el departamento de Gracias. Es el nombre de una planta trepadora, llamada en otros lugares *güisquil, güisayote,* que produce unas frutas de carne suave y dulce, cubiertas de una cáscara espinosa o lisa. La palabra mexicana es *papachtli*, aludiendo a la redecilla que tiene adentro.

Pate. — Caserío del municipio de El Negrito, en el departamento de Yoro. *Patli* en mexicano significa "medicina, remedio".

Patuca. — Río del departamento de Olancho. Es el mismo Guayape, después que se le han unido el Jalán, Telica, Guayambre y otros tantos. *Patuca* nada tiene que indique ser nombre de río. Significa en mexicano "lugar de juegos de azar". Se compone de *patolli*, juego de azar, y *can*, lugar.

Patula. — Pueblo del repartimiento de don Pedro de Alvarado. Esta palabra se compone de la mexicana *patolli*, una clase de juego parecido al de dados, y en general toda clase de juego de azar, y la abundancial *la*. De manera que significa lo mismo que *Patuca*. (Véase esta palabra).

Pavana. — Hay una planta con este nombre, cuya hoja es medicinal. En el departamento de Choluteca existe un terreno llamado *Pavana*, palabra que en la forma de *Apavana* está escrita en el título de las tierras de Tapatoca. Si esta ortografía es buena, la forma mexicana del término que analizamos es *Apanhuan*, que significa "muchos caños de agua". Se compone de *apantli*, caño de agua, y *huan*, terminación de plural que pueden tomar todos los nombres. Sin embargo, *Pavana* es palabra española.

Payagoagre. — Montañuela a cuyo pie está el pueblo de Ojojona, en el departamento de Tegucigalpa. *Payahuaire* es la verdadera forma de la palabra, compuesta de *Payahua*, gentilicio de *Payahuacan*, e *ire*, agua, quebrada. Este último término significa en mexicano "lugar que tiene payates", pues se compone de *payatl*, cierta oruga o gusano, y *huacan*, partícula posesiva e indicativa de lugar. Así que *Payagoagre* es "quebrada de las payaguas".

Pencaligue. — Hay en las orillas del Ulúa una cueva de este nombre, la que dicen que en un tiempo comunicaba los pueblos de Teuma y Atima, del departamento de Santa Bárbara. Esta palabra parece ser *Tepecalihua*, compuesta de las mexicanas *tepetl*, cerro, *calli*, casa, y la partícula posesiva *hua*.

Perunca. — Río del departamento de El Paraíso. Significa en mexicano "lugar de cataratas". Se compone de *pilloa*, caer el agua de alto, y *can*, lugar.

Pespire. — Villa del departamento de Choluteca. Significa "río de las piritas pequeñas". Se compone de *petztli*, pirita, en mexicano, *pil*, partícula para formar diminutivos en el mismo idioma, y *li*, agua, río, en uno de los dialectos de Honduras.

Petapa. — Pueblo extinguido del antiguo departamento de Gracias. Significa en mexicano "en el agua de las esteras". Se compone de *petatl*, estera, *atl*, agua, y *pan*, en.

Petoa. — Pueblo amigo, perteneciente al departamento de Santa Bárbara. Ocupa una localidad desigual, rodeado de colinas y se halla dividido por un arroyito. Parece una aféresis de *Tepetoa*, gentilicio de *Tepetonhuacan*, que en el repartimiento de don Pedro de Alvarado está escrito *Tepetuaga*. Significa entonces "lugar de colinas".

Petuncara. — Rancho del departamento de Gracias. Significa en mexicano "pueblo de las colinas". Se compone de *tepetontli*, colina, y *calla*, reunión de casas. Un terreno de Gracias se llama *Putuncara*, que es la misma palabra.

Petunlaca. — Quebrada del departamento de Gracias. Significa en mexicano "en el agua de las colinas". Se compone de *tepetontli*, colina, *atl*, agua, y *c*, en.

Pichigual. — Caserío del municipio de Piraera, en el departamento de Gracias, y bajo la forma de *Pichingual*, nombre de un río afluente de Lempa. Significa "río de los piches". Se compone de la palabra mexicana *pixixilli*, ave conocida por *pijije, piche* (*Dendrocigna arbóreas,* Sw.), y *gual*, río, en lenca.

Pijijire. — Terreno del departamento de Olancho. Significa "agua de los pijijes". Se compone de la palabra mexicana *pixixilli, pijije* (*Dendrocygna arbóreas,* Sw.), e *ire*, río, agua.

Pinolapa. — Terreno del departamento de Cortés. Significa en mexicano "en el agua del pinole". Se compone de *Pinolli*, pinole, maíz reducido a polvo, *atl*, agua, y *pan*, en.

Pinvare. — Pueblo extinguido del partido de Olancho, que aparece en la Nómina de los pueblos de la Provincia de Comayagua. Significa "agua de los extranjeros". Se compone de la palabra mexicana *pinotl*, extranjero, que habla otra lengua, y *guara*, agua, río, en lenca.

Piraera. — Pueblo antiguo del departamento de Gracias, situado en uno de los ramales de la montaña del Congolón. Ignoramos si antes estuvo en otra parte. Significa "agua de las tierras de los señores". Se compone de la palabra mexicana *pillalli*, tierras de los señores, e *ira, ire*, agua, río, en uno de los dialectos de Honduras.

Pires. — Río del departamento de Colón. Significa "río de los señores". Se compone de *pilli*, noble, señor, y *li*, agua, río, en uno de los dialectos de Honduras.

Pirriglí. — En el título de los terrenos de Totecacinte, en el departamento de El Paraíso, se cita una quebrada con aquel nombre, que significa, dice el mismo título, "quebrada de la yuca".

Pocoterique. — Cerro que sirve de lindero a los terrenos del pueblo de Lepaterique, en el departamento de Tegucigalpa. En la forma transcrita está en el título antiguo, pero nos parece que ha habido una equivocación en la copia: la verdadera ortografía es *Poçoterigui*, "cerro del zorro" en que se ven los componentes *poçotli*, zorro, en mexicano, y *terigui*, cerro, en lenca.

Pompoa. — Terreno del departamento de Santa Bárbara. Significa en mexicano "agua de los popotes". Se compone de *popotl*, una gramínea de que se hacen escobas, y *atl*, agua.

Pomposuche. — Montaña del departamento de Yoro. Significa en mexicano "flor de popotes". Se compone de *popotl*, una gramínea de que se hacen escobas, y *xochitl*, flor. Tal vez toda la palabra *Popoxochitl*, sea el nombre de una planta que no conocemos.

Posolera. — Caserío del pueblo de La Venta, en el departamento de Tegucigalpa. El *Diccionario* de Rémi Simeón no trae más la palabra *poçolatl*, bebida de maíz cocido; pero hay razón para creer que existió la palabra *poçolli*, que nosotros pronunciamos *posol* (a semejanza de *pinolli, pinol*), maíz cocido y reventado para hacer *frescos*, que se encuentra en *Posoltega*, pueblo de Nicaragua, que es gentilicio de *Poçolla*. *Poçcolli*, castellanizado, nos ha dado *posol*, de donde proviene *Posolera*, abundancia de *posol*. Por lo dicho se comprende que no es cierto lo que afirma el señor Buelna en su laborioso y erudito trabajo "*Peregrinación de los aztecas y Nombres Geográficos indígenas de Sinaloa*", de que *Pozoli*, maíz cocido, es palabra cahíta, y que no era regular el usarse donde se hablaba el azteca.

Posoma. — Terreno del departamento de Santa Bárbara. Significa en mexicano "lugar donde se cazan zorros". Se compone de *poçotli*, zorro, *ma*, que representa la acción de tomar, y *n*, lugar, que se sobreentiende.

Posta. — Pueblo antiguo del departamento de Santa Bárbara, hoy reducido a una aldehuela. Significa en mexicano "abundancia de ceibas". Se compone de *Pochotl*, ceiba, y la abundancial *tla*. *Pochtlan* se llamaba un lugar situado al sur de Xochimilco, en México.

Prerocotelaga. — En mexicano *Pilocotlilac*, pueblo extinguido de los que repartió don Pedro de Alvarado. Significa en mexicano "en el agua de humo de ocote de los señores". Se compone de *pilli*, señor, *ocotlilli*, humo de ocote, *atl*, agua, y *c*, en.

Puca. — Montaña del departamento de Intibucá. Significa en mexicano "lugar de humo, o que humea". Se compone de *Poctli*, humo, y *can*, lugar.

Punuara. — Terreno del departamento de Olancho. Es lo mismo que *Pinvare*. (Véase esta palabra).

Puringla. — Pueblo antiguo del departamento de La Paz. Significa en mexicano "abundancia de polines". Se compone de *pollin*, un gusanillo que utilizaban los aborígenes en la medicina, y la abundancial *tla*. Frecuente es en las cartas de Alvarado ver la sílaba *tla* convertida en *cla*, de donde pasó a *gla*.

Pusquira. — Caserío de Iriona, en el departamento de Colón. Significa "agua de las ceibas". Se compone de *Pochotl*, ceiba, en mexicano, y *quira*, agua, en uno de los dialectos de Honduras.

Pusunca. — Caserío de Juticalpa, en el departamento de Olancho. Significa en mexicano "lugar de zorros". Se compone de *poçotli*, zorro, y *can*, lugar.

Q

Quaulapa. — Terreno del departamento de Olancho. Significa en mexicano "en el agua de los quauhollis". Se compone de *quauholli*, una planta que servía para curar las enfermedades de los ojos, *atl*, agua, y *pan*, en.

Quechuca. — Terreno del antiguo departamento de Gracias. *Quecholcan* significa en mexicano "lugar de flamantes". Se compone de *quecholli*, ciertos pájaros de plumas brillantes, muy estimadas, y *can*, lugar.

Quechuma. — Cerro del departamento de Gracias. Significa en mexicano "lugar donde se cazan flamantes". Se compone de *quecholli*, ciertos pájaros de plumas brillantes, muy estimadas, *ma*, que expresa la acción de tomar, y *n*, lugar, que se sobreentiende.

Quejica. — Terreno del departamento de Santa Bárbara. La forma mexicana de esta palabra es *Cuixican*, que se traduce por "lugar de milanos", y se compone de *cuixin*, milano, y *can*, lugar.

Quelacasque. — Caserío del municipio de Gracias, en el departamento de este nombre. Es gentilicio de *Quilac*, pronunciado por nosotros *Quilaca*, "en el agua de las verduras". Se compone esta última palabra de las mexicanas *quilitl*, verdura, *atl*, agua, y *c*, en.

Quelala. — Pueblo extinguido de Comayagua, citado en la Nómina de los pueblos de la Provincia de Comayagua. Significa en mexicano "abundancia de tierras de verduras". Se compone de *quilitl*, verdura, *tlalli*, tierra, y la abundancial *la*.

Quelepa. — Pueblo del repartimiento de don Pedro de Alvarado. Significa en mexicano "en el agua de las verduras". Se compone de *quilitl*, verdura, *atl*, agua, y *pan*, en. Inmediato a Majatique, departamento de Gracias, hay una montaña, y en ella una piedra labrada, que como que servía para sacrificios de los indios, la cual tiene en una de sus extremidades grabada una cabeza de león. Los naturales llaman Quelepa a esta piedra.

Queleza. — Río del departamento de Copán. Significa en mexicano "río de la diosa madre del género humano". Se compone de *Quilaztli*, otro nombre con que era conocida la diosa *Ciuacoatl*, madre del género humano, y *atl*, agua.

Quelís. — Río del departamento de Copán. Parece compuesto de la palabra mexicana *quilitl*, verdura, y *li*, agua. Significará "río de las verduras".

Quemera. — Sitio del antiguo departamento de Gracias. Significa en mexicano "abundancia de huertas". Se compone de *quilmilli*, huerta, y la abundancial *la*.

Quepa. — Consta en el título de las tierras de Santa Ana de Cacauterique que este pueblo estuvo fundado en un lugar llamado *Quepa*. Esta palabra es aféresis de *Tequepan*, adulteración de *Tecpan*, que significa "palacio, habitación de un gran señor".

Querneo. — Terreno del antiguo departamento de Gracias, según el Índice del señor Vallejo. Esta es una de tantas palabras difíciles de reconocer por su ortografía. El haber hecho mal un escribiente la penúltima y antepenúltima sílabas de *Queruco*, ha dado origen a *Querneo*.

Queruco. — Aldea del municipio de Guarita, en el departamento de Gracias, y caserío de La Iguala, en el mismo departamento. Significa en mexicano "en los tallos". Se compone de *quiotl* o *quiyotl*, tallo, y *c*, en. Otras formas de esta palabra son *Quinsoco*, *Queoco* y *Quioco*.

Quesallica. — Aldea del municipio de San José, en el departamento de Copán. Significa en mexicano esta palabra, cuya forma es *Quezalichcan*, "lugar de magueyes". Se compone de *quezalichtli*, una especie de maguey, de cuyas pencas extraían los aborígenes fibras más delicadas que las que obtenían de la pita, y con ellas hacían vestidos, que se tenían en grande estimación, y *can*, lugar.

Quesungual. — Caserío del municipio de Gualcince, en el departamento de Gracias. Significa "río de los pájaros de pluma rica". Se compone de *quechulli*, que en mexicano es pájaro de pluma rica, y *gual*, río, agua, en lenca.

Quetuna. — Pueblo extinguido del departamento de Gracias, y nombre de un sitio del mismo departamento. La forma azteca de esta palabra es *Xitomatl*, que se aplica a un tomate grande. Un pueblo de los repartidos por don Pedro de Alvarado se llama *Quitamay*, que parece ser la misma palabra.

Quexomalaca. — Pueblo de los del repartimiento de don Pedro de Alvarado. Esta palabra está por *Quechumalac*, que significa en mexicano "en el agua donde se cazan pájaros de pluma rica". Se compone de *quechulli*, pájaro de pluma rica, flamante, *ma*, que representa la acción de cazar, *atl*, agua, y *c*, en.

Quezalapa. — Aldea del municipio de San José del Potrero, en el departamento de Comayagua. Significa en mexicano "en el agua de los quezales". Se compone de *Quetzalli*, quetzal, *atl*, agua, y *pan*, en.

Quezalterique. — Sitio del departamento de Cortés. Significa "cerro del quetzal". Se compone de *quetzalli*, quezal, en mexicano, y *terigui*, cerro, en lenca.

Quezantapa. — Nombre de unas peñas que hay cerca de la ciudad de Gracias, en el departamento de este nombre. Es una forma de *Quezalapa*. (Véase esta palabra).

Quibaripanta. — Terreno del departamento de El Paraíso. Hay tres componentes en esta palabra: *ithualli*, patio o corral de una casa, *apantli*, zanja, y la abundancial *tla*. Podemos traducirla "lugar de zanjas de agua que riegan patios". La forma azteca es *Ithualapantla*.

Quiguire. — Vado del río Choluteca, delante de la aldea de Río Abajo, yendo de la capital, camino del norte. Significa "río de las verduras". Se compone de *xihuitl*, verdura, hierba comestible, en mexicano, e *ire*, agua, río, en uno de los dialectos de Honduras. Desde un cuarto de legua antes de llegar a este vado hay en la margen izquierda del río unas hermosas vegas, propias para huertas.

Quilamulapa. — Quebrada que en parte sirve de línea divisoria a los municipios de Silca y Manto, en el departamento de Olancho. Significa en mexicano "en el agua del quilamol". Se compone de *quilamolli*, una planta, *atl*, a gua, y *pan*, en. Los indios no conocían el jabón, y para lavar se servían de ciertas plantas que llamaban *amolli*, de las que hay varias clases, como el *pacón* o *copalxocotl*. El *quilamol* es la planta *Schizocarpum filiforme*, Schrad.

Quilaperque. — Terreno del departamento de La Paz. Es gentilicio de *Quilapan*, que comenzaría por pronunciarse *Quilapaque*.

Quiloma. — Río del departamento de Yoro. Significa en mexicano "río del maguey". Se compone de *xilometl*, maguey velludo, y *atl*, agua, río.

Quimistán. — Pueblo del departamento de Santa Bárbara, situado en el valle de su nombre, a orillas del río Masapa. Significan en mexicano "lugar de ratones o de espías". Se compone de *quimichin*, ratón o espía, y *tlan*, lugar. Este pueblo es muy antiguo, y lo repartió don Pedro de Alvarado.

Quimpes. — Pueblo del repartimiento de don Pedro de Alvarado. Es el plural gentilicio de *Cuempan*, "en los camellones", compuesto de la palabra mexicana *cuemitl*, heredad, tierra labrada o camellones, y *pan*, en.

Quioco. — Caserío del municipio de Piraera, en el departamento de Gracias. (Véase *Queruco*).

Quiquisque. — Aldea del municipio de Danlí, en el departamento de El Paraíso. La forma mexicana de esta palabra es *Aquiquisque*, nombre de una gramínea (¿Arum?).

Quiraguira. — Aldea del municipio de Masaguara, en el departamento de Intibucá. Significa "agua de las verduras". Se compone de la palabra mexicana *quilitl*, verdura, y *quiri, guiri*, agua, en uno de los dialectos de Honduras.

Quiscagua. — Caserío del municipio de El Corpus, en el departamento de Choluteca. La forma mexicana de esta palabra es *Ichcahua*, derivado étnico de *Ichcahuacan*, palabra esta última que significa "lugar que tiene algodón". Se compone de *Ichcatl*, algodón, y *huacan*, partícula posesiva e indicativa de lugar.

Quiscamote. — Terreno y caserío del término municipal de Cedros, en el departamento de Tegucigalpa. El *quiscamote* es una planta venenosa, que habita en las orillas de los ríos y arroyos y cuyo jugo es cáustico (*Arum maculatum*). La palabra parece un compuesto de *ixtli*, cara, y camote; y en efecto, el *quiscamote* tiene apariencia de camote.

Quisgualagua. — Caserío del municipio de Danlí, en el departamento de El Paraíso. Significa en mexicano "habitante de Izhuahuacau", palabra esta última que se traduce por "lugar que tiene hojas de maíz verde", de *izhuatl*, hoja de maíz verde, y *huacan*, partícula posesiva e indicativa de lugar. Sobre el *la* de *izhuala* véase *Guaraguastaca*.

Quisimaca. — Aldea del municipio de Piraera, en el departamento de Gracias. Significa en mexicano "en el agua de los milanos". Se compone de *cuixin*, milano, *atl*, agua, y *c*, en. La ortografía de esta palabra es *Cuixinac*.

Quitola. — Pueblo del repartimiento de don Pedro de Alvarado. Significa en mexicano "abundancia de junco". Se compone de *iztollin*, un junco de espiga triangular, de raíces y flores medicinales, y la abundancial *la*.

R

Reitoca. — Pueblo del departamento de Tegucigalpa, situado en una llanura y a orillas del río de su nombre. Como la *r* no es letra del alfabeto mexicano, es difícil atinar con lo que significa esta palabra. En la Geografía de Velasco está escrito *Rerituca*, que puede descomponerse en *can*, lugar, *tol*, de *tollin*, junco, *celic*, o *celtic*, tierno, blando. Reitoca o Rerituca significará en mexicano "lugar de juncos (entre nosotros *tules*) blandos o tiernos". En este pueblo tienen por patrimonio hacer petates o esteras de *tul* o *junco*.

Retimula. — Con el pueblo anterior aparece unido este en la Geografía de Velasco, *Reritucayretimula*. En *Retimula* se tiene *mulla*, abundancia de salsas o guisados; el *reti* no sabemos lo que es: la *t* convertida en *l*, letras que en lo escrito se confunden, nos da *cilli* o *cillin*, caracolillos; pero ignoramos si los indios hacían salsas o guisados de estos moluscos.

Roatán. — Ciudad cabecera del departamento de las Islas de la Bahía, y nombre de la isla en que se encuentra la expresada ciudad. Significa en mexicano "lugar de mujeres". Se compone de *çoatl*, mujer, y *tlan*, lugar.

Rorteca. — Pueblo extinguido de Comayagua, que se cita en la Nómina de los pueblos de la Provincia de Comayagua (1684 a 1685). En la Geografía de Velasco está escrito *Roroteca*, nombre que bajo la forma de *Soluteca* existe aplicado a un río en el actual departamento de La Paz. *Roroteca* o *Soluteca* es el gentilicio de *Solola,* lugar de cosas antiguas, de *Zololli* o *tzotzolli*, cosa antigua, y *lan*, lugar.

Ruruca. — Terreno del antiguo departamento de Gracias. Significa en mexicano "lugar de cosas viejas". Se compone de *zololli* o *tzotzolli*, cosa vieja, y *can*, lugar.

S

Sabá. — Aldea del municipio de Sonaguera, en el departamento de Colón. La *b* está por *n*. En *Clavijero* encontramos *Çauapan*, del que, si quitamos *apan*, nos queda *çau*, que proviene de *çauatl* o *çahuatl*, palabra mexicana que vale *roña*, *gálico*, enfermedad endémica en Sonaguera y sus alrededores. En el habla vulgar decimos *zarate*. Oviedo dice que en Castilla del Oro decían *carate* al leproso, gafo, cubierto de herpes o costras asquerosas. Probablemente a la *c* de *carate* le faltó la cedilla. Un río de Tlaxcala, en México, se llama *Çauatl*.

Sabacuante. — Río del término municipal de Tegucigalpa, en el departamento de este nombre. *Sabacuante* está por *Sabacuate* o *Sabacuite*, que es el mismo árbol de *cacaloxochitl* (*Plumeria rubra*, Linn.).

Sabadrome. — Caserío del municipio de Talpetate, en el departamento de Cortés. En mexicano no hay ni *d* ni *r*. Creemos que la forma de esta palabra es *Çauaton*, diminutivo de *Sabá*.

Sabutepete. — Este pueblo del repartimiento de don Pedro de Alvarado está escrito en el documento respectivo *Otrosabutepeteconalco*, palabra que, como se ve, no es una sola sino tres: *otro, sabutepete, conalco*. La que analizamos significa en mexicano "cerro del zapote", y se compone de *Tzapotl*, zapote, y *tepetl*, cerro.

Sacaguato. — Caserío de la ciudad de Danlí, en el departamento de El Paraíso. Parécenos que esta palabra es la mexicana *zacacueitl*, cierta paja que servía a los indios para sus construcciones.

Sacamil. — Caserío del municipio de Aramecina, en el departamento de Valle. Significa en mexicano "campo cubierto de hierba". Se compone de *çacatl*, hierba, zacate, y *milli*, campo cultivado.

Sacualpa. — Terreno del departamento de Tegucigalpa. (Véase *Azacualpa*).

Saguay. — Caserío del municipio de Gualaco, en el departamento de Olancho. *Saguay* está por *Çahuaire*, así como hemos observado en algunos pueblos del sur, *Coray – Coraire*. Significa "agua de la sarna". Se compone de *zahuatl*, herpe, sarna, en mexicano, e *iri*, agua.

Saire. — Caserío del municipio de Vado Ancho, en el departamento de El Paraíso. La última parte de esta palabra es *ire*, agua, río, y la primera, *sa*, puede provenir de *çacatl*, hierba. Traduciremos "agua del zacate".

Salalica. — Terreno del departamento de Tegucigalpa. Significa "en el agua de la tierra arenosa". Se compone de *xallalli*, tierra arenosa, *li*, agua, y *c*, en.

Salatoca. — Terreno del departamento de El Paraíso. Significa en mexicano "lugar de guatusas". Se compone de *xaltozan*, cierta rata o ratón que llamamos *guatusa*, y *can*, lugar.

Salitrán. — Aldea de San Luis, en el departamento de Colón. Significa "junto al agua de arena". Se compone de *xalli*, arena, *li*, agua, y *tlan*, junto, cerca.

Salsoque. — Aldea del municipio de Nueva Arcadia, en el departamento de Copán. Es la palabra mexicana *xalxocotl*, guayaba. Este último nombre es de las Antillas; y el que le daban los indios de aquí significa "fruta arenosa", aludiendo a las muchas semillas que tiene.

Salube. — Terreno del departamento de Valle, escrito también *Solube*, Es lo mismo que *Olobre*.

Samalaguaire. — Aldea del municipio de Liure, en el departamento de El Paraíso. El último componente de esta palabra es *ire*, agua, y el primero, *Amahua*, gentilicio de *Amahuacan*, "lugar que tiene amates".

Samayare. — Río del departamento de El Paraíso, afluente del Choluteca. Significa "río de los amates". Se compone de la palabra mexicana *amatl*, amate, y de *ire*, agua.

Sampile. — Río del departamento de Choluteca, que casi deja de correr en la estación seca. Etimológicamente es lo mismo que *Cipile*.

Sampito. — Terreno del departamento de Choluteca. También está escrito en el título *San Pito*. Parece palabra indígena, compuesta de *xamitl*, adobe, y la terminación de diminutivo *pinton*.

Sancalís. — Terreno del departamento de Olancho. Significa "agua del zacate". Se compone de *zacatl*, zacate, en mexicano, y *li*, agua.

Sanica. — Caserío del municipio de Candelaria, en el departamento de Gracias. Significa en mexicano "lugar de ladrillos". Se compone de *xamitl*, ladrillo, y *can*, lugar.

Sanlala. — Aldea de Iriona, en el departamento de Colón. *Xallalla* significa en mexicano "abundancia de tierra arenosa". Se compone de *xallalli*, tierra arenosa, y la abundancial *la*.

Sapamatepe. — El nombre de este caserío del municipio del Arenal, en el departamento de Yoro, es *Tzapomatepetl*, que en mexicano significa "lugar donde se cortan zapotes". Se compone de *tzapotl*, zapote, *ma*, que representa la acción de tomar, y *tepetl*, cerro, monte.

Sapasogo. — Terreno del departamento de Comayagua. Significa en mexicano "en los cántaros viejos". Se compone de *apaztli*, cántaro, *zolli*, desinencia que se une a los nombres para indicar que los objetos que se expresan han perdido su mérito, y *co*, en.

Sapigre (San Miguel). — Pueblo extinguido de Choluteca, que aparece en la Nómina de los pueblos de la Provincia de Comayagua. Es lo mismo que *Cipile*, solo que en su formación, en lugar de *li*, agua, se puso *ire*, que vale también agua.

Sapota. — Pueblo antiguo del departamento de Olancho. Significa "abundancia de zapotes", en mexicano. Se compone de *tzapotl*, zapote, y la abundancial *tla*.

Saquel. — Pueblo antiguo del partido de Olancho. Es la palabra mexicana *tzaqualli*, pirámide. (Véase *Azacualpa*).

Saquinli. — Rincón que cita el título de las tierras de Totecacinto. Significa "agua de la pirámide". Se compone de la palabra mexicana *tzaqualli*, pirámide, y de *li*, agua, en uno de los dialectos de Honduras.

Saracarán. — Caserío del municipio de Ojojona, en el departamento de Tegucigalpa. La palabra es en mexicano *Xacallan*, que significa "lugar de chozas". Se compone de *xacalli*, choza, y *lan*, lugar.

Saracoco. — Hay un rincón en las tierras de Tapatoca, del departamento de Choluteca, con aquel nombre. Es la palabra mexicana *xalacocotli*, una planta cuyas raíces se utilizan para curar los tumores.

Sasaca. — Terreno del departamento de Gracias. Es apócope de *zazacatla*, que en mexicano significa "prado".

Sasacale. — Río del departamento de Choluteca. Significa "río del prado". Se compone de la palabra mexicana *zazacatla*, prado, y de *li*, agua.

Sastepe (Santa Bárbara de). — Terreno del departamento de Choluteca. Significa en mexicano "cerro de arena". Se compone de *xalli*, arena, y de *tepetl*, cerro.

Satoca. — Terreno del departamento de Choluteca. Etimológicamente es lo mismo que *Salatoca*. (Véase esta palabra).

Sautepe. — Terreno del departamento de Comayagua. Significa en mexicano "cerro de los zautes". Se compone de *tzantli*, una planta cuyo jugo servía para fijar los colores, y *tepetl*, cerro.

Saucique. — Caserío que se halla al norte de la ciudad de Tegucigalpa, en el departamento del mismo nombre. Significa en mexicano "en los zautes". Se compone de la palabra mexicana *tzautli*, una planta cuyo jugo servía para fijar los colores, *ti*, partícula ligativa, y *c*, en.

Seguale. — Lugar del término municipal de Tegucigalpa, en el departamento del mismo nombre. Significa en mexicano "río de los poseedores de espigas de maíz". Se compone de la palabra mexicana *ceua*, poseedor de espiga de maíz, y *li*, agua, río.

Selguapa. — Río del departamento de Comayagua. Significa en mexicano "en el agua de los poseedores de espigas de maíz". Se compone de *cena*, poseedor de espigas de maíz, *atl*, agua, y *pan*, en.

Selón. — Caserío del municipio de San Juan, en el departamento de Intibucá. Ha de ser *Cillan*, "lugar de caracolillos". Se compone de *cillin,* caracolillo, y *lan*, lugar.

Semané. — Caserío del municipio de Yamaranguila, en el departamento de Intibucá. Significa en mexicano "lugar donde se cosecha maíz". Se compone de *centli*, maíz, *ma*, que representa la acción de tomar, y *n*, lugar.

Sensenti. — Pueblo del departamento de Copán, fundado en 1540, en el centro del valle de *Sensenti*. Nada indica en esta palabra que sea nombre de lugar. Significa en mexicano "espiga de maíz seco". Se compone de *centli*, espiga de maíz seco, y la reverencial *tzintli*. Puede ser simplemente la palabra que analizamos un plural de *centli*, formada por la reduplicación de la primera sílaba *Cencentli*.

Siale. — Río del departamento de Tegucigalpa. Significa "río de los caracolillos". Se compone de *cillin*, caracolillo, en mexicano, y *li*, agua, río.

Sicaguara. — Caserío del municipio de San Juan de Flores, en el departamento de Tegucigalpa. Significa "quebrada de las hormigas". Se compone de *tzicatl*, nombre de una hormiga venenosa, que será tal vez la que llamamos *guerreadora*, y de la lenca *guara*, agua, quebrada.

Sicalapa. — Arroyo del departamento de Gracias. Significa en mexicano "en el agua de las jícaras". Se compone de *xicalli*, jícara, *atl*, agua, y *pan*, en.

Sicatacare. — Caserío del municipio de Santa Ana, en el departamento de Tegucigalpa. La sílaba *ta* está por *la*: *Sicalacare* o mejor *Xicalcalli*. Significa "quebrada de la casa de las jícaras". Se compone de *xicalli*, jícara, *calli*, casa, y *li*, agua.

Sico. — Río de los departamentos de Olancho y Colón. Significa en mexicano "en los caracolillos". Se compone de *cillin*, caracolillo, y *co*, en.

Siconguara. — Sitio del departamento de Gracias. Significa lo mismo que *Joconguera*. (Véase esta palabra).

Sigamane. — Caserío del municipio de Marcala, en el departamento de La Paz. Es una forma de *Jicaramani*. (Véase esta palabra).

Sigualteca. — Terreno del departamento de Tegucigalpa. Es el gentilicio de *Cihuatlan*, que significa en mexicano "lugar de mujeres", por componerse de *cihuatl*, mujer, y *tlan*, lugar.

Siguapa. — Sitio del departamento de Yoro. Significa en mexicano "en el agua de la mujer". Se compone de *cihuatl*, mujer, *atl*, agua, y *pan*, en.

Siguapate. — Montaña del departamento de Choluteca. El *cihuapatli*, en mexicano, "remedio de mujer", es el arbusto *Ericoma floribunda*.

Siguate. — Caserío del municipio de Catacamas, en el departamento de Olancho. *Cihuatl* es en mexicano mujer.

Siguatepeque. — Pueblo del departamento de Comayagua, situado en una hermosa sabana, a orillas del río Guaratoro. Significa en mexicano "en el cerro de la mujer". Se compone de *cihuatl*, mujer, *tepetl*, cerro, y *c*, en.

Silaca. — Aldea del pueblo de Mangulile, en el departamento de Olancho. Significa en mexicano "en el agua de los caracolillos". Se compone de *cillin*, caracolillo, *atl*, agua, y *c*, en.

Silca. — Pueblo del departamento de Olancho, situado en las márgenes del río Telica. Significa en mexicano "lugar de caracolillos". Se compone de *cillin*, caracolillo, y *can*, lugar.

Sililaca. — Pueblo del antiguo partido de Tencoa, citado en la Nómina de los pueblos de la Provincia de Comayagua. Significa lo mismo que *Celilac*. (Véase esta palabra).

Silisgualagua. — Aldea del municipio de Güinope, en el departamento de El Paraíso. Es una forma de *Quisgualagua*. (Véase esta palabra).

Similcora. — Quebrada del departamento de Gracias. Significa "quebrada de los jimililes". Se compone de *ximilili*, una especie de carrizo, y *guara*, quebrada, en lenca.

Similatón. — Pueblo del departamento de La Paz. En la Geografía de Velasco está escrita *Simulaton*. Significa en mexicano "Cimulan pequeño". Se compone de *Cimullan*, que puede traducirse "lugar de salsas de cimates", y *ton*, que sirve para formar diminutivos.

Cimatl es una hierba que se ocupaba en los guisados y se mezclaba con el pulque

Sinacantán. — Pueblo extinguido del departamento de Gracias. Significa en mexicano "lugar de murciélagos". Se compone de *tzinacan*, murciélago, y *tlan*, lugar.

Sinín. — Caserío del municipio de San Antonio de Flores, en el departamento de El Paraíso. Es lo mismo que *Cirín*. (Véase esta palabra).

Sinuapa. — Pueblo del departamento de Copán, situado en el valle y en la margen del río que lleva este nombre. Significa en mexicano "en el agua de los canarios". Se compone de *xomotl*, una especie de canario, cuyas plumas empleaban los indios en sus vestidos, *atl*, agua, y *pan*, en. En México dicen *Sunuapa*.

Sisire. — Caserío del municipio de Vado Ancho, en el departamento de El Paraíso. Significa "agua de las liebres". Se compone de la palabra mexicana *cicitin*, liebres, e *ire*, agua, en uno de los dialectos de Honduras.

Sitisión. — Dice el Índice del señor Vallejo, que los ejidos del común de indios de San Juan Yamala antiguo, se llaman Sitisión. Quisimos traducir esta palabra, pero se resistió a todo análisis. Cansados al fin, ocurrimos al Archivo, a ver que había en el título, que nos pudiese servir de algo. Mucho encontramos. El tal *Sitisión* es *La Misión*.

Sixe. — Terreno del departamento de Gracias. Significa en mexicano "liebrecita". La ortografía de la palabra es *citzin*, diminutivo, de *citli*, liebre.

Socterique. — Cerro que hay en el municipio de Lepaterique, del departamento de Tegucigalpa. Significa "cerro de las sartenes". Se compone de la palabra mexicana *xoctli*, sartén, y de la lenca *terigui*, cerro.

Soluteca. — Río del departamento de La Paz. Sobre la etimología de esta palabra, véase *Rorteca*.

Somada (La). — Terreno del antiguo departamento de Gracias. En el Índice del señor Vallejo está escrito *La Sousada*. Se compone de *xomatl*, un arbusto medicinal, o *xomatli*, cucharada de tierra, y la abundancial *tla*; así es que significa abundancia de aquellos arbustos o de aquellos útiles.

Sompopal. — Caserío del pueblo de Lepaterique, en el departamento de Tegucigalpa. Es un derivado español de *sompopo*, una hormiga amarilla, de cabeza grande, que causa mucho daño a las plantas.

Sonaguera. — Pueblo del departamento de Colón, situado en el valle que le ha dado su nombre. Significa "agua de los xomates". Se compone de *xomatl*, un arbusto medicinal, en mexicano, y *guara*, agua, quebrada, en lenca.

Sonare. — Sitio del departamento de Choluteca. Significa "agua de los xomates". Se compone de la palabra mexicana *xomatl*, un arbusto medicinal, y *li*, agua.

Sonid. — Aldea del municipio de San Isidro, en el departamento de Choluteca. Esta palabra no es completa como nombre geográfico, y aun es muy extraña por su terminación en *d*. Se notan en ella los elementos aztecas *tzontli*, pelo, e *itztli*, obsidiana. Tal vez se perdió la posposición que servía para afijarla; la que, suponiéndola de lugar, podríamos traducir la palabra: "lugar de obsidianas de afeitar".

Sonzapotal. — Sitio del departamento de Olancho. Es un derivado español de la palabra mexicana *tetzonzapotl* (*Lucuma Bonplandi*, H. K.), que nosotros pronunciamos *sonzapote*.

Sopilotepe. — Caserío del municipio de Juticalpa, en el departamento de Olancho. Significa en mexicano "cerro del zopilote". Se compone de *tzopilotl*, zopilote, y *tepetl*, cerro.

Soringo. — Montaña del departamento de La Paz. Significa en mexicano "en las codornices". Se compone de *zolin*, codorniz, y *co*, en.

Soroguara. — Aldea del municipio de Tegucigalpa, en el departamento de este nombre. Significa "agua que corre con impetuosidad". Se compone del verbo mexicano *zoloni*, correr con impetuosidad un torrente, y *guara*, agua, en lenca.

Sorosca. — Arroyo del departamento de Copán. La forma de esta palabra es *Axoxocan*, que significa en mexicano "lugar de axoxocos". Se compone de *axoxoc*, una hierba comestible, y *can*, lugar.

Suchistabaca. — Pueblo del repartimiento de don Pedro de Alvarado. Significa en mexicano "lugar de llanuras de flores". Se compone de *xochitl*, flor, *ixtlahuatl*, llanura, y *can*, lugar.

Sula (**San Pedro**). — Ciudad cabecera del departamento de Cortés, situada en el fértil valle de aquel nombre. Significa en mexicano "abundancia de codornices". Se compone de *çolin*, codorniz, y la abundancial *la*.

Sulaco. — Pueblo antiguo del departamento de Yoro, situado en un hermoso valle. Hubo a raíz de la conquista un convento de franciscanos que se ocupaban en catequizar a los naturales. Significa en mexicano "en la tierra de las codornices". Se compone de *çolin*, codorniz, *tlalli*, tierra, y *co*, en.

Sulay. — Caserío del municipio de La Encarnación, en el departamento de Copán. Es apócope de *Sulaire,* que significa "agua de la tierra de las codornices". Se compone de las palabras mexicanas *çolin*, codorniz, *tlalli*, tierra, y de *ire*, agua, en uno de los dialectos de Honduras. Hay un terreno del expresado departamento que se llama *Sulaito*, a semejanza de *Coray*, que hay *Coraicito*.

Sumasapa. — Caserío del municipio de Juticalpa, en el departamento de Olancho. Significa en mexicano "en el agua de los omiztes". Se compone de *omiztli*, una planta que produce los mismos efectos del beleño, *atl*, agua, y *pan*, en,

Sumpul. — Río del departamento de Copán. Este nombre no tiene terminación que indique ser de río, y aun parece incompleto. Ha de ser *Atzompul*, compuesto de *atl*, agua, *tzontli*, cabellera, y figuradamente, cumbre, y *pol*, desinencia para formar aumentativos; de manera que la palabra significa en mexicano "en las grandes cumbres del agua".

Sunacarán. — Cerro de San Antonio, en el departamento de Tegucigalpa. Significa en mexicano "junto a la casa de los xomates". Se compone de *xomatl*, un arbusto cuyas hojas son purgantes y sirven para curar las calenturas, *calli*, casa, y *lan*, junto.

Suncelca. — Así se llaman los ejidos del pueblo de Lacampa, según el Índice. En el expediente del Archivo está *Quesuncelca*, corrupción de *Quauhzonlac*, que en mexicano significa "en el agua de los quauhzontli", por componerse de esta palabra, con que se designa un adorno de plumas que usaban los guerreros, *atl*, agua, y *c*, en.

Suncuán. — Portillo del departamento de Gracias. Es el nombre de una abeja y del panal que ella fabrica.

Suncuya. — Terreno del término municipal de Sulaco, en el departamento de Yoro. Con aquel nombre es conocida la planta que produce la fruta *Anona squamosa*.

Sunsunlaca. — Terreno del departamento de Copán. Significa en mexicano "en el agua de los colibríes". Se compone de *tzintzon*, colibrí, *atl*, agua, y *c*, en.

Suntule. — Caserío del municipio de Tegucigalpa, en el departamento de este nombre. Es la palabra azteca *tzontollin*, una especie de *junco*.

Suntulín. — Sitio llamado también Santa Inés, del antiguo departamento de Yoro. Lo mismo que *Suntule*. (Véase esta palabra).

Supelecapa. — Sitio inmediato a Tegucigalpa, en el departamento de este nombre. Significa en mexicano "en el agua dulce". Se compone de *tzopelic*, dulce, agradable, *atl*, agua, y *pan*, en.

Surcagua (Santa Lucía). — Terreno del antiguo departamento de Tegucigalpa. Esta palabra está por *Xochcahua*, derivado étnico de *Xochcahuacan*, "terreno que tiene ranas", compuesto de *xochtal*, rana, y *huacan*, partícula posesiva e indicativa de lugar.

Surute. — Aldea del municipio de San Lucas, en el departamento de El Paraíso. *Xolotl* en mexicano es paje, servidor doméstico.

Suscarán (San Antonio de). — Sitio del departamento de Choluteca. Etimológicamente es lo mismo que *Yuscarán*. (Véase esta palabra).

Susuma (San Pedro). — Terreno del antiguo departamento de Gracias. Es prótesis de la palabra azteca *Ozumatli*, que significa "mono".

Suyapa. — Aldea que está un poco más de una legua al este de la ciudad de Tegucigalpa, en el departamento del mismo nombre, y caserío de San Juan de Flores, en el mismo departamento. Todos los sábados van romeros a visitar a la virgen que hay en la ermita de aquella aldea. Significa en mexicano "en el agua de las palmas". Se compone de *zuyatl*, *zuyate*, una palma, *atl*, agua, y *pan*, en.

Suyatal. — Caserío del municipio de Cedros, en el departamento de Tegucigalpa. Es un derivado español de la palabra mexicana *zoyatl* o *zuyatl*, nombre de una palma.

T

Tabauco. — Caserío del municipio de Lepaterique, en el departamento de Tegucigalpa. Significa en mexicano "en el terraplén". Se compone de *tlapantli*, terraplén, y *co*, en.

Tacualtuste. — Aldea del municipio de Olanchito, en el departamento de Yoro. La palabra es en mexicano *çacatextli*, una especie de paja o junco, llamada, en el interior, *zacatuste*.

Tacute. — Cerro de la comprensión municipal de la ciudad de Cedros, en el departamento de Tegucigalpa. La forma mexicana de la palabra es *tlacotl*, varilla, junco.

Taguilapa. — Quebrada del distrito de Ocotepeque, en el departamento de Copán. Significa en mexicano "en el agua clara". Se compone de *tlauillo*, claro, *atl*, agua, y *pan*, en.

Taguzgalpa. — Nombre que tenía la provincia o territorio que se encuentra al oeste del río Segovia, y forma y ha formado siempre parte integrante de Honduras. Significa en mexicano "en las casas de la tierra amarilla". Se compone de *tlalli*, tierra, *cuztic*, amarillo, *calli*, casa, y *pan*, en. Se llamó así esta provincia porque es mucho el oro que hay en la superficie de ella y en las arenas de sus ríos; y refiere la tradición que a la *Taguzgalpa* venían los mexicanos a llevar aquel metal para Moctezuma.

Taixigua. — Río del departamento de Yoro. Parece aféresis de *iztac cihuatl*, nombre de una planta.

Tajalapa. — Sitio de la jurisdicción de Sulaco, en el departamento de Yoro. Significa en mexicano "en el agua de la tierra arenosa". Se compone de *tlalli*, tierra, *xalli*, arena, *atl*, agua, y *pan*, en.

Talanga. — Pueblo del departamento de Tegucigalpa, situado en el valle de aquel nombre. Significa en mexicano "lugar de lodo". Se compone de *tlalatl*, fango, lodo, tierra húmeda, y *can*, lugar.

Talgua. — Pueblo del departamento de Gracias y aldea del municipio de Salamá, en el departamento de Olancho. Leemos en el *Primer Anuario Estadístico* del señor Vallejo, que el primitivo pueblo de Talgua, de Gracias, estaba situado, en el siglo XVII, en un lugar llamado La Azacualpa. Hoy está en la falda de un cerro peñascoso y a corta distancia del río Cospa. Significa en mexicano "poseedores de heredades". Se compone de *tlalli*, tierra, y la partícula posesiva *hua*.

Taluetal. — Montaña del departamento de Yoro. Significa "abundancia de talnetes". Se compone de *talnele*, cierta abeja que fabrica su panal en la tierra (*tlalli*), y la terminación española *al*.

Talpetate. — Pueblo del departamento de Cortés. Este nombre tiene cierta piedra caliza y arenosa que se emplea en el pavimento de los caminos carreteros. En los *Hondureñismos* se dijo que el origen de aquella palabra es la mexicana *tepetatl*; pero también puede ser compuesta de *tlalli*, tierra, y *petatl*, estera. La traducción será "estera de tierra".

Talquesate. — Caserío del municipio de Gualaco, en el departamento de Olancho. En mexicano *tlalquetzal* es el nombre de una planta que utilizaban los indios para curar la tos y la indigestión.

Tamagás. — Montaña del departamento de Olancho. Es el nombre de una culebra venenosa.

Tamagasapa. — Nombre que antiguamente tenía el pueblo llamado hoy San José de Colinas, en el departamento de Santa Bárbara. Según la interpretación del señor Peñafiel, significa "río del dios Tlaloc-tlamacazqui", dios que, en las creencias de los mexicanos, habitaba en el paraíso terrenal.

Támara. — Aldea del municipio de Tegucigalpa, en el departamento de este nombre. Esta población es antigua, pues ya existía en 1571. Significa en mexicano "abundancia de tamales". Se compone de *tlamalli*, tamal, y la abundancial *la*.

Tambla. — Pueblo antiguo del departamento de Comayagua, que ha quedado reducido a una aldea. En la Geografía de Velasco ya está escrito *Tanbla*. Significa en mexicano "abundancia de maíz seco". Se compone de *tlaolli*, maíz seco, y la abundancial *la*.

Tamboyás. — Aldea de San Marcos, en el departamento de Choluteca. Es aféresis de *tapayaxin*, en mexicano "sapillo".

Tapaguasca. — Aldea del municipio de San Lucas, en el departamento de El Paraíso. Significa en mexicano "lugar que tiene tapa". Se compone de *tapatl*, tapa (*datura siramonium*), y *huacan*, partícula posesiva e indicativa de lugar.

Tepaire. — Caserío del municipio de Texíguat, en el departamento de El Paraíso. Significa "agua de la tapa". Se compone de la palabra mexicana *tapatl*, la planta *datura stramonium*, e *ire*, agua, en uno de los dialectos de Honduras.

Tapalapa. — Río del departamento de Yoro. Significa en mexicano "en el agua de la tierra arcillosa". Se compone de *tlalli*, tierra, *palli*, arcilla negra, *atl*, agua, y *pan*, en.

Tapale. — Aldea del municipio de Cedros, en el departamento de Tegucigalpa. Significa "agua de la tierra arcillosa". Se compone de *tlalli*, tierra, *palli*, arcilla negra, en mexicano, y *li*, agua, en uno de los dialectos de Honduras.

Tapate. — Pueblo de los del río Ulúa y jurisdicción de San Pedro, citado en la Nómina hecha con motivo del cobro de las penas de Cámara. Es la palabra mexicana *tapatl, datura stramonium*.

Tapatoca. — Sitio del departamento de Choluteca. Significa en mexicano "lugar de tapalitos". Se compone de *tapatl, toloache* (*datura stramonium*), *tontli*, sufijo para formar diminutivos, y *can*, lugar.

Tapesco. — Terreno del departamento de Gracias. En mexicano la palabra es *tlapechtli*, cierta cama de varas. En Santa Bárbara hay un sitio llamado *Tapesquillos*.

Tapiquilar. — Montaña del departamento de Olancho. Es un derivado español de *tapiquile*, nombre de una gramínea.

Tapiquile. — Hacienda inmediata a la ciudad de Juticalpa, en el departamento de Olancho. Es el nombre de una gramínea.

Tapusuna. — Llano del departamento de Gracias. Esta palabra aparece en un título de terreno con la traducción de "llano de los lobos"; pero siendo sus componentes las palabras mexicanas *tlalli*, tierra, y *pozonallo*, espumoso, debemos sustituir aquella significación por la de "tierra espumosa", que se le daría al llano en referencia en atención a los pantanos o lodazales que en él se hacen en la estación de lluvias.

Tasagual. — Aldea de La Iguala, en el departamento de Gracias. La forma mexicana de esta palabra es *tlatzaqualli*, que significa "cercado de estacas"; pero entre nosotros se llama *tasacual* el pedazo de madera que contiene una colmena con su correspondiente enjambre.

Tascala. — Hito del terreno de Puringla, en el departamento de La Paz. Significa en mexicano "abundancia de tortillas". Se compone de *tlaxcalli*, tortilla, y la abundancial *la*.

Tascalapa. — Terreno del departamento de Yoro. Significa en mexicano "en el agua de las tortillas". Se compone de *tlaxcalli*, tortilla, *atl*, agua, y *pan*, en.

Tatumbla. — Pueblo antiguo del departamento de Tegucigalpa. En la Geografía de Velasco está escrito *Totumbra*. Significa en mexicano "abundancia de gallinas". Se compone de *totolin*, gallina, y la abundancial, *la*.

Taulabé. — Laguna que también se llama de Yojoa, la que se halla en los confines del departamento de Cortés. La forma mexicana de esta palabra es *Tlaolahua*, o mejor *Tlaolhua*, gentilicio de *Tlaolhuacan*, "lugar que tiene maíz seco". En la Geografía de Velasco está escrito *Tablabe*.

Taular. — Sitio del departamento de Comayagua. Significa "abundancia de maíz seco", pues es un derivado español de *tlaolli*, maíz seco, en mexicano. La etimología que presentamos de esta palabra y de la anterior es en el supuesto de que la ortografía sea buena; pero si la *a* de *tan* estuviese de más, dichos términos provendrían de *tollin*, junco, *tule*, etimología a la que no se opone la topografía de los lugares, porque en las orillas de las lagunas siempre hay junco, y el *Taular* es un terreno pantanoso en que hay *zacatuste*, paja.

Taumatepe. — Pueblo del repartimiento de don Pedro de Alvarado. Significa en mexicano "cerro de los tomates". Se compone de *Tomatl*, tomate, y *tepetl*, cerro.

Taurinca (Vegas de). — Terreno del departamento de Santa Bárbara. Significa en mexicano "lugar de juncos". Se compone de *tollin*, junco, y *can*, lugar.

Tauserique. — Terreno del departamento de Copán. Significa lo mismo que *Tusterique*. (Véase esta palabra.

Tausín. — Aldea del municipio de Iriona, en el departamento de Colón. Es apócope de *teocinte*, nombre de una gramínea.

Tecajire. — Arroyo del pueblo de Oropolí, en el departamento de El Paraíso. Significa "agua que corre por un lecho de piedra y encajonado". Se compone de la palabra mexicana *tecaxitl*, fuente de piedra, e *ire*, agua, quebrada.

Tecomapa. — Aldea del municipio de Cololaca, en el departamento de Gracias. Significa en mexicano "en el agua de las calabazas". Se compone de *tecomatl*, calabaza, *atl*, agua, y *pan*, en.

Tecomasuches. — Sitio en jurisdicción de Macuelizo, del departamento de Santa Bárbara. El *tecomaxochitl*, por otro nombre *berbería*, es en mexicano una hierba medicinal.

Teconalistagua. — Pueblo extinguido del departamento de Santa Bárbara, de los que encontró el adelantado don Pedro de Alvarado. Significa en mexicano "llanura del carbón". Se compone de *teconalli*, carbón, e *ixtlahuatl*, llanura.

Tecuán. — Aldea del municipio de Yoro, en el departamento de este nombre. En mexicano *tecuani* es el nombre que se da a toda clase de fieras; pero entre nosotros regularmente se aplica a la pantera. (*Félix concolor*).

Tecuantepe. — Cerro inmediato a la ciudad de Danlí, en el departamento de El Paraíso. Significa en mexicano "cerro de la pantera". Se compone de *tecuari*, pantera, y *tepetl*, cerro.

Techín. — Río del departamento de Gracias. Significa "piedrecita", por ser diminutivo azteca de *tetl*, piedra. La ortografía es *Tetzintli*.

Teguajal. — Aldea del municipio de El Arenal, en el departamento de Yoro. Es un derivado español de la palabra mexicana *teouaxin*, para nosotros *teguaje*, nombre de una planta medicinal.

Tegucigalpa. — Capital de la República, situada a la margen derecha del río Choluteca. Se ha creído por mucho tiempo que aquella palabra es una corrupción de *Taguzgalpa*, y que significaba "cerro de plata". Pero no hay tal. Esta población no formó parte de la

Taguzgalpa; y cuando la conquista de la provincia de este nombre, ya *Tegucigalpa* existía. Don Pedro de Alvarado, en 1536, escribe en el repartimiento *Teguycegalpa*, forma que creemos se acerca más a su origen azteca. *Tegucigalpa* significa "en las casas de las piedras puntiagudas" por componerse de *tetl*, piedra, *Huitztli*, espina, *calli*, casa, y *pan*, en. Este nombre se lo pusieron por la multitud de piedras en al forma dicha que había y aún hay en el cerro de Zapusuca, al pie del cual está la población.

Tehuacán. — Pueblo del repartimiento de don Pedro de Alvarado. Significa en mexicano "lugar que tiene texutes". Se compone de *texutl*, una tierra mineral, y *huacan*, partícula posesiva e indicativa de lugar.

Tejutal. — Sitio del departamento de Santa Bárbara. *Texutli* es la palabra en mexicano que se aplica a cierta tierra mineral.

Tela. — Puerto menor sobre el mar Caribe. Es una contracción de *tetela*, que significa en mexicano, según el padre Molina, citado por Robelo, "tierra fragosa de montes y sierras".

Telica. — Aldea del municipio de Juticalpa, en el departamento de Olancho, y nombre de un río afluente del Guayape o Patuca. Significa "en el río pedregoso". Se compone de *tetl*, piedra, *li*, agua, y *can*, en.

Temoaques. — Barrios de Tomalá, que aparecen citados en el repartimiento que don Pedro de Alvarado hizo de la ciudad de Gracias a Dios en 1536. *Temoac* significa en mexicano "en la bajada o en la cuesta abajo". Se compone de *temoatl*, bajada o cuesta abajo, y *c*, en. *Temoaques* es plural español de *Temoac*, pronunciado *Temoaque*.

Tempiscapa. — Paraje del departamento de Olancho. Significa en mexicano "en el agua de los tempisques". Se compone de *tempisque*, la zapotácea *Achras capire*, Moc. et Sess., *atl*, agua, y *pan*, en.

Tempisque. — Caserío del municipio de Langue, en el departamento de Valle. Es el nombre que tiene en mexicano la zapotácea *Acras capiri*, Moc. et Sess.

Tenambla. — Pueblo extinguido del partido de Gracias a Dios. Significa en mexicano "en los muros". Se compone de *tenamitl*, muro, y *pan*, en.

Tenampúa. — Ruinas que se encuentran en el departamento de Comayagua, y que de una manera magistral ha descrito Mr. Squier en sus *Apuntaciones sobre Centroamérica*. La palabra puede considerarse como un derivado étnico de *Tenampolhuacan*, que por haber perdido la *l* se contrajo en *Tenampohuacan*, "lugar que tiene grandes murallas". Esta última palabra se compone de las mexicanas *tenamitl*, murallas, *pol*, que sirve para formar aumentativos, y *huacan*, partícula posesiva e indicativa de lugar.

Tenango. — Caserío del municipio de Gualcince, en el departamento de Gracias. Significa en mexicano "en la muralla". Se compone de *tenamitl*, muralla, y *co*, en.

Tencoa. — Partido de *Tencoa* se llamaba antes el departamento de Santa Bárbara, y había una población que destruyó una avenida del Ulúa, que tenía también aquel nombre. Siguiendo el procedimiento que empleamos para traducir a Tenampúa, tenemos que *Tencoa* puede ser el gentilicio de *Tecolhuacan*, convertida en *Tecúa*, *Tecoa*, *Tencoa*. *Tecolhuacan* significa en mexicano "lugar que tiene carbón". Se compone de *tecolli*, carbón, y *huacan*, partícula posesiva e indicativa de lugar.

Tencoloaca. — Terreno del departamento de Santa Bárbara. Significa en mexicano "en el agua de los tecolotes". Se compone de *Tecolotl*, buho, *atl*, agua, y *c*, en.

Tengusquín. — Pueblo que tiene en su Geografía el señor Velasco. Las dos primeras sílabas pueden ser las mismas de *Tencoa*, *tecol,* de *tecolli,* carbón, y *quin* estará por *quil, quile, quire,* agua. Traduciremos "agua del carbón".

Tenistepe. — Caserío del municipio de Gualaco, en el departamento de Olancho. Significa en mexicano "cerro de la cal". Se compone de *tenextli,* cal, y *tepetl,* cerro.

Tentegua. — Río del departamento de Gracias. Es un gentilicio de *Tentehuacan,* que significa en mexicano "lugar de tentetes". Se compone esta última palabra de *tentetl,* un adorno de piedra preciosa o de obsidiana que los jefes indios llevaban bajo el labio superior, y *huacan,* partícula posesiva e indicativa de lugar.

Tenterique. — Pueblo de los del repartimiento de don Pedro de Alvarado. Significa "cerro de piedra". Se compone de la palabra mexicana *tetl,* piedra, y de la lenca *terigui,* cerro.

Tenzonera. — Pueblo del repartimiento de don Pedro de Alvarado. Significa "río de la piedra pómez". Se compone de *teçontli,* en mexicano piedra pómez, e *ire,* agua, en uno de los dialectos de Honduras.

Teocintal. — Aldea de Jocón, en el departamento de Yoro. Es un derivado español de *totzintli,* nombre de una gramínea muy común en la costa norte y en otros puntos de la República; la denominación científica del *teocinte* es *Reana luxurians. Totzintli* se compone de *toci,* apócope de *tocizuatl,* hojas de maíz verde, nuestra tusa, y el reverencial *tzintli.*

Teocunitad. — Pueblo que pertenecía a San Pedro Sula y Puerto de Caballos el año de 1536, cuando hizo los repartimientos don Pedro de Alvarado. En mexicano es *Teocomitla.* Significa "abundancia de espinos grandes". Se compone de *teocomitl,* espino grande, y *tla,* partícula abundancial.

Teota. — Pueblo del repartimiento de don Pedro de Alvarado. Significa en mexicano "muchos dioses". Se compone de *teotl*, dios, y la abundancial *tla*.

Tepeaca. — Lugar que se halla en la comprensión municipal de la ciudad de San Pedro, en el departamento de Cortés. Significa en mexicano "en el agua de la montaña". Se compone de *tepetl*, cerro, *atl*, agua, y *c*, en.

Tepemechín. — Aldea del municipio de Trinidad, en el departamento de Copán. Así se llama un pescado muy apetecido. La palabra se compone de *tepetl*, cerro, y *michin*, pescado.

Tepeteapa. — Pueblo del repartimiento de don Pedro de Alvarado. Significa en mexicano "en el agua de los tepetates". Se compone de *tepetlatl*, una piedra que servía para hacer cal, *atl*, agua, y *pan*, en.

Tepetuaga. — Pueblo del repartimiento de don Pedro de Alvarado. Significa en mexicano "en el agua de las colinas". Se compone de *tepetontli*, colina, *atl*, agua, y *c*, en.

Tepoltepe. — Pueblo del repartimiento de don Pedro de Alvarado. Significa en mexicano "cerro de las grandes piedras". Se compone de *tetl*, piedra, *pol*, que acrecienta la significación del primitivo, y *tepetl*, cerro.

Tepusteca. — Terreno del departamento de Colón. *Teputztlan*, una ciudad de México, significa "lugar donde abunda el cobre", siendo *Tepuzteca* el plural gentilicio de *Tepuztecatl*.

Tequeciguat. — Terreno del departamento de El Paraíso. En el Índice de los títulos de tierra de Honduras está escrito *Tequengua*, por haberse leído mal la palabra. Bernal Díaz del Castillo, hablando de la batalla que los mexicanos dieron a Juan de Escalante, dice: "Y preguntó el Moctezuma que siendo ellos muchos millares de guerreros, que cómo no vencieron a tan pocos *teules*. Y respondieron que no aprovechaban nada sus varas y flechas ni buen pelear; que no les pudieron hacer retraer, porque una gran *tequeciguata* de Castilla venía delante de ellos, y que aquella señora ponía a los mexicanos temor y decía palabras a sus *teules* que los esforzaban; y el Moctezuma entonces creyó que aquella gran señora que era Santa María, etc." De esta relación deducimos que *Tequeciguat* está por *Tecuciguatl*, que significa "mujer de distinción", siendo sus componentes mexicanos *tecutli*, noble, y *cihuatl*, mujer. Dos leguas al norte de este terreno, que fue denunciado por Juan Vásquez el año de 1606, queda el pueblo de Tequeciguata, hoy *Texíguat*.

Tequerí de Curicunque. — Terreno del departamento de Gracias. La palabra es *Tequiri*, compuesta de *tequitl*, impuesto, gravamen, e *ire*, río, agua. La traduciremos "agua de los tributos".

Tercales. — Aldea del municipio de Jocón, en el departamento de Yoro. Es un plural español de la palabra mexicana *texcalli*, roca, peñasco. Por supuesto que para formar el plural se castellanizó *texcalli*, y quedó en *tescale, tercale*.

Terlaca. — Aldea del municipio de Guarita, en el departamento de Gracias. Significa en mexicano "en el agua pedregosa". Se compone de *tetl*, piedra, *atl*, agua, y *c*, en.

Testega. — Terreno del departamento de Santa Bárbara. Es el plural gentilicio de *Textla*, en mexicano "abundancia de harina", pues se compone de *textli*, harina, y la abundancial *tla*. Puede ser también la palabra el nombre del ave que se conoce por cacalote o *terteca*.

Tetacalapa. — Pueblo del repartimiento de don Pedro de Alvarado. Significa en mexicano "en el agua de las casas de bóveda de piedra". Se compone de *tetl*, piedra, *tecalli*, casa de bóveda, *atl*, agua, y *pan*, en.

Tetacapa. — Pueblo del repartimiento de don Pedro de Alvarado. Significa en mexicano "cuesta de piedra". Se compone de *tetl*, piedra, y *tlacapan*, cuesta, pendiente.

Teupacenti. — Pueblo del departamento de El Paraíso, situado a orillas del río Jalán. Significa en mexicano "templo". Se compone de *teopantli*, templo, y del sufijo de respeto *tzintli*. En la Geografía de Velasco está escrito *Teupachute*.

Teupe. — Montaña de Aguanqueterique, en el departamento de La Paz. La palabra es *Teopan*, apócope de *Teopantli*, que en mexicano significa "templo".

Teustepeque. — Caserío del municipio de Meámbar, en el departamento de Comayagua. Significa en mexicano "en el cerro de los dioses". Se compone de *teotl*, dios, *tepetl*, cerro, y *c*, en.

Texíguat. — Pueblo antiguo del departamento de El Paraíso, situado en una hondonada que forman dos altos cerros, y en las orillas del río de su nombre. Como se observará, esta palabra no tiene terminación de nombre de lugar. (Véase *Tequeciguat*).

Tibi. — Caserío del municipio de San Pedro Sula, en el departamento de Cortés. La palabra ha de haber tomado la forma de *tliua, tliue, tliui*, gentilicio de *Tlilhuacan*, que significa en mexicano "lugar de cosas negras". *Tlilhua* era el dios del vino. En las Antillas, *Tibe* es "piedra azulosa", que se usa para afilar instrumentos.

Ticocla. — Río del departamento de Copán. Esta palabra está por *Xicotla*, que significa en mexicano "abundancia de jicotes". Se compone de *xicotl*, cierta abeja y el panal que ella fabrica, y la abundancial *tla*.

Tilapa. — Aldea del municipio de San Francisco de la Paz, en el departamento de Olancho. Significa en mexicano "en el agua negra". Se compone de *tlilatl*, abismo, profundidad de las aguas, y *pan*, en.

Tilbalaca. — Laguna que está al oeste de la de Caratasca, en la Mosquitia. Significa en mexicano "en el agua de los Tlilhuas". Esta última palabra en singular es el gentilicio de *Tlilhuacan* (véase *Tibi*).

Los componentes del término que analizamos son en mexicano *tlilhua*, poseedores de cosas negras, *atl*, agua, y *c*, en.

Tiloarque. — Caserío del municipio de Comayagüela, en el departamento de Tegucigalpa. Es el plural gentilicio de *Tlilhuacan*, "lugar de cosas negras".

Timas. — Quebrada del departamento de Gracias. Es la palabra mexicana *Timatli*, manta, apocopada.

Timolo. — Pueblo de San Pedro Sula y Puerto de Caballos, que está en el repartimiento de Alvarado. *Temolla* es una forma azteca. Significa "abundancial de tábanos". Se compone *temolín*, tábano, y de la abundancial *la*.

Timostepe. — Quebrada del pueblo de Trinidad, en el departamento de Santa Bárbara. Significa en mexicano "cerro enfermizo". Se compone de *temoxtli*, que se puede traducir por enfermizo, y *tepetl*, cerro. También puede significar "cerro de los tábanos", siendo su primer componente *temolín*, tábano.

Tipalpa. — Río del departamento de Copán. Es lo mismo que *Jipalpa*. (Véase esta palabra).

Tisamarte. — Cerro del departamento de Gracias. Nos parece una corrupción de *itzamatl*, que en mexicano significa "amate prieto". Se compone de *itztli*, obsidiana (que es de color oscuro), y *amatl*, amate.

Tisate. — Aldea del municipio de Silca, en el departamento de Olancho. Es la palabra mexicana *tizatl*, piedra de tiza.

Tiscagua. — Arroyo del departamento de Choluteca. Etimológicamente es lo mismo que *Quiscagua*. (Véase esta palabra).

Tiste. — Río del departamento de Gracias. En mexicano, *textli* significa harina.

Tisuchecho. — Pueblo de los repartidos por don Pedro de Alvarado. La forma mexicana de esta palabra es *Tlilxochitl*, que significa "vainilla".

Tiuma. — Pueblo antiguo del departamento de Cortés. Significa en mexicano "agua de los magueyes divinos". Se compone de *teometl*, maguey divino, y *atl*, agua.

Tlayaco. — Río del departamento de Olancho. No tiene esta palabra terminación de río, y la sílaba *co* indica que la anterior ha de ser consonante. Creemos que su ortografía ha de ser *Tlalxalco*, que se traduce "en la tierra arenosa", por componerse de *tlali*, tierra, *xalli*, arena, y *co*, en.

Tocante. — Caserío del municipio de Camasca, en el departamento de Intibucá. La forma de esta palabra mexicana es *tocatl*, una araña.

Toco. — Río del departamento de Intibucá. Significa en mexicano "en los juncos". Se compone de *tollin*, junco y *co*, en.

Tocoa. — Pueblo del departamento de Colón, situado en las márgenes del río Aguán. La palabra es un gentilicio de *Tocuacan*, "lugar que tiene espigas verdes y tiernas de maíz", pues se compone de *toctli*, espiga verde y tierna de maíz, y *huacan*, partícula posesiva e indicativa de lugar.

Tocomatepe. — Pueblo del repartimiento de don Pedro de Alvarado. Significa en mexicano "cerro de las calabazas". Se compone de *tecomatl*, calabaza, y *tepetl*, cerro.

Toconostique. — Terreno del departamento de Santa Bárbara. La forma mexicana de esta palabra es *Xoconochtic*, que significa "en los nopales o tunas". Se compone de *xoconochtli*, tuna, la partícula ligativa *ti* y *c*, en.

Tolobre. — Aldeas de San Antonio de Flores y de Vado Ancho, en el departamento de El Paraíso. Significa "agua de las tapas o toloaches". Se compone de *toloa*, tapa o toloache (*datura siramonium*), y *li*, agua, río.

Tolola. — Nombre de un pueblo que quedaba a ocho leguas de distancia de Intibucá, en el departamento de este nombre, según consta en el censo levantado en 1791 por fray Fernando de Cadiñanos. Para la etimología de este nombre véase *Torola,* forma adulterada de *Tolola*.

Tololar. — Aldea del municipio de Orocuina, en el departamento de Choluteca. Significa en mexicano "abundancia de tololos", pues es un derivado especial de *tololo*, nombre de un árbol.

Tomalá. — Sitio contiguo a la costa de Papaloteca, en el departamento de Colón, y nombre de un pueblo antiguo del partido de Trujillo. La ortografía mexicana de esta palabra es *Tonallan*, que significa "lugar cálido". Se compone de *tonalli*, calor del sol, y *lan*, lugar.

Tonaltepeque. — Pueblo del repartimiento de don Pedro de Alvarado. Significa en mexicano "en el cerro cálido". Se compone de *tonalli*, calor del sol o estío, *tepetl*, cerro, y *c*, en.

Toncontín. — Terreno que se halla una legua al sur de Tegucigalpa, en el departamento del mismo nombre. Lo que con propiedad se llama *Toncontín* es una poza (pozo) que forma el río Choluteca en la extremidad oriente de este terreno. La tradición cuenta que en esta poza salía la sirena el viernes santo. La ortografía azteca de esta palabra es *Tocotin*, una "danza antigua y sagrada, dice Rémi Simeón, que se usa aún en las fiestas religiosas, particularmente en Yucatán".

Tongalex. — Pueblo del repartimiento de don Pedro de Alvarado. Parece que todos estos nombres antiguos de propósito los han desfigurado para que no puedan encontrarse los elementos de que se componen. En la palabra que analizamos solo están las mexicanas *tollin*, junco, *atl*, agua, y *c*, en; y sin embargo hay muchas letras. Significa "en el agua de los juncos". Las últimas letras, *ex*, provienen de que el nombre está en plural, por referirse a los habitantes: los *Toloques*.

Tontolar. — Terreno antiguo del departamento de Gracias. Significa "abundancia de tontoles", ya que es un derivado especial de *tontolo*, nombre de un árbol que da una fruta parecida al *jeto*.

Tontoló. — Terreno del departamento de Gracias. Es el·nombre de un árbol. La forma mexicana ha de ser *tontolotl*.

Torocagua. — Cerro con varias cuevas, que existe inmediato a la ciudad de Comayagüela, en el departamento de Tegucigalpa. La orografía de esta palabra puede ser *Totocalhua*, que traduciremos "lugar que tiene moradas de aves". Se compone de las mexicanas *totocalli*, que era un departamento de los palacios, donde estaban las aves, y *hua*, de *huacan*, partícula posesiva e indicativa de lugar. La traducción que damos se funda en la significación de los componentes del término; pero en el *Totocalco* del palacio de Moctezuma II, dice Sahagún, citado por Rémi Simeón, estaban guardados los objetos preciosos de oro y de plata, y los tejidos de plumas. Hoy la tradición asegura que en las cuevas de *Torocagua* se puede hacer pacto con el diablo, y obtener dinero por este medio; pero puede ser cierto que haya o haya habido en aquellas algunos tesoros escondidos.

Torola. — Río, afluente del Lempa, que en parte sirve de línea divisoria a las Repúblicas de Honduras y El Salvador. Significa en mexicano "abundancia de tololos". Se compone de *tololo*, nombre de un árbol, y de la abundancial *la*.

Torondón. — Caserío del pueblo de Concepción de María, en el departamento de Choluteca. Con esta palabra se designa un árbol de frutas comestibles.

Totecacinte. — Pueblo extinguido y montaña del departamento de El Paraíso, fronteriza a Nicaragua. Significa en mexicano "templo de piedra". Se compone de *teotl*, dios, *tecalli*, casa de piedra, y la reverencial *tzintli*.

Toxa. — Río del departamento de Copán. Significa en mexicano "río del conejo". Se compone de *tochtli*, conejo, y *atl*, agua.

Trinixol. — Pueblo de los del río Ulúa y jurisdicción de San Pedro, citado en la nómina hecha para el cobro de las penas de Cámara. Parece componerse de las palabras mexicanas *tlitlic*, negro, y *exotl*, fríjol; por lo que traduciremos "frijoles negros". Esta palabra no tiene terminación de nombre geográfico.

Truiquilapa. — Montaña situada tres leguas al este de la ciudad de Tegucigalpa. Un arroyo de agua pura y cristalina corre por aquel lugar. Significa lo mismo que *Taguilapa*. (Véase esta palabra).

Tuajica. — Aldea del municipio de Tocoa, en el departamento de Colón. Significa en mexicano "lugar de guajes". Se compone de *uaxin*, *guaje*, una leguminosa, y *can*, lugar.

Tujupe. — Valle del pueblo de Texíguat, en el departamento de El Paraíso, según el censo del señor Cadiñanos. Significa en mexicano "en el agua de los juncos". Se compone de *tollin*, junco, *atl*, agua, y *pan*, en.

Tulanguare. — Caserío de Yoro, en el departamento de este nombre. Significa "agua de los juncos". Se compone de la palabra mexicana *tollin*, junco, y de la lenca *guara*, agua, quebrada.

Tular. — Caserío de Nacaome, en el departamento de Valle. Significa "abundancia de junco". Es un derivado español de *tule*, en mexicano *tollin*, junco.

Tule. — Caserío de Yuscarán, en el departamento de El Paraíso. Proviene de la palabra mexicana *tollin*, junco.

Tulian. — Río del departamento de Cortés. Es apócope de la palabra mexicana *toliama*, que a su vez lo es de *toliamaitl*, nombre de una especie de junco que sirve para hacer petates o esteras.

Tuliapa. — Aldea del municipio de Cedros, en el departamento de Tegucigalpa. Significa en mexicano "en el agua del junco". Se compone de *tollin*, junco, *atl*, agua, y *pan*, en.

Tulín. — Caserío del municipio de Juticalpa, en el departamento de Olancho. *Tollin,* en mexicano, es junco.

Turturupe. — Caserío del municipio de Lepaterique, en el departamento de Tegucigalpa. Significa en mexicano "en el agua de las gallinas". Se compone de *totolin*, gallina, *atl*, agua, y *pan*, en.

Turupe. — Así se llama una sabana, fangosa en el invierno, que se halla inmediata al pueblo de Ojojona, en el departamento de Tegucigalpa. Significa en mexicano "en el agua de los juncos". Se compone de *tollin*, junco, *atl*, agua, y *pan*, en.

Tusterique. — Caserío de Tegucigalpa, en el departamento de este nombre. Significa "cerro del conejo". Se compone de *tochtli*, conejo, en mexicano, y *terigui*, cerro, en lenca.

Tutule. — Aldea de Santa María, en el departamento de La Paz. Es la palabra mexicana *totolin*, que significa "gallina".

U

Ulán. — Aldea del municipio de Iriona, en el departamento de Colón. Significa en mexicano "lugar de hule". Se compone de *ulli*, goma elástica, y *lan*, lugar.

Ulasale. — Caserío de Lepaterique, en el departamento de Tegucigalpa. Significa "agua del hule". Se compone de la palabra mexicana *olli*, hule, goma elástica, e *ili*, agua, en uno de los dialectos de Honduras.

Ulúa. — Aldea del municipio de Silca, en el departamento de Olancho, y nombre de uno de los ríos más caudalosos que hay en Honduras. Significa en mexicano "habitante de Olhuacan", puesto que es un derivado étnico de esta palabra. *Olhuacan* significa en mexicano "lugar que tiene hule", y se compone de *olli* o *ulli*, goma elástica, y *huacan*, partícula posesiva e indicativa de lugar.

Uluapa. — Aldea del municipio de Manto, en el departamento de Olancho. Significa en mexicano "en el agua de los olotes". Se compone de *olotl*, zuro, *olote*, *atl*, agua, y *pan*, en.

Unire. — Vado que hay en el río Guajiniquil; río que sirve de línea divisoria a las Repúblicas de Honduras y El Salvador. Significa "dos aguas". Se compone de las palabras *ome*, dos, en mexicano, e *ire*, agua, en uno de los dialectos de Honduras.

Utila. — Una de las islas que forman el departamento de las Islas de la Bahía. Es una contracción de *Ocotilla*, que significa en mexicano "abundancia de negro de humo de ocote". Se compone de *ocotilli*, negro de humo de ocote, y la abundancial *la*. Esta tintura negra la hacían los indios en una especie de alambique.

Uyuca. — Terreno de la jurisdicción de San Antonio, en este departamento. Por ser un cerro elevado y montañoso, hasta el punto de que hay lugares impenetrables, la forma de aquella palabra ha de ser *Quauhyocan*, que en mexicano significa "lugar que tiene espesas arboledas". Se compone de *Quauhyoacatla*, arboleda espesa, y *can*, lugar.

V

Vaxalota. — Pueblo del repartimiento de don Pedro de Alvarado. La ortografía mexicana de esta palabra es *Huexolotla*, que significa "abundancia de pavos" (para nosotros *jolotes*). Se compone de *huexolotl*, pavo, en mexicano, y la abundancial *tla*.

Viviguante. — Río, afluente del Texíguat, del departamento de El Paraíso. Por la terminación *guante*, que es *quahuitl*, parece el nombre de una planta.

Vocoyuco. — Pueblo de los del repartimiento de don Pedro de Alvarado. *Quauhcoyolco* significa en mexicano "en los coyoles". Se compone de *quauhcoyolli*, una palmera que llamamos *coyol*, y *co*, en.

X

Xacala. — Pueblo del repartimiento de don Pedro de Alvarado. Significa en mexicano "abundancia de chozas". Se compone de *xacalli*, choza, y la abundancial *la*.

Xalmatepe. — Pueblo del repartimiento de don Pedro de Alvarado. Significa en mexicano "cerro de donde se saca arena". Se compone de *xalli*, arena, *ma*, que representa la acción de tomar, y *tepetl*, cerro.

Xamigual. — Quebrada del departamento de Gracias. Es lo mismo que *Junigual*.

Xaretepa. — Este pueblo o reducción pertenecía a la Tenencia de Danlí, en el año 1801. Significa en mexicano "cerro de arena". Se compone de *xalli*, arena, y *tepetl*, cerro.

Xicamaya. — Pueblo de indios de la parroquia de Petoa, en el censo de 1801. Significa en mexicano "lugar donde se hacen jícaras" (donde se preparan o se labran). Se compone de *xicalli*, jícara, *ma*, que representa la acción de trabajar, y *yan*, lugar.

Xuxulapa. — Quebrada del antiguo departamento de Gracias. Es lo mismo que *Zazalapa*. La forma mexicana de la palabra es *Xaxalapan*.

Y

Yaguacire. — Aldea del municipio de Tegucigalpa, en el departamento de este nombre. Significa "río de los encinitos". Se compone de la palabra mexicana *ahuatzitzin*, encinito, e *ire*, agua, en uno de los dialectos de Honduras.

Yaguala. — Aldea del municipio de Jocón, en el departamento de Yoro. Significa en mexicano "abundancia de yaguales". Se compone de *yaualli*, rosca, por lo común de trapo o de corteza de plátano, que se ponen las mujeres sobre la cabeza, y en lo que sientan los *apastes* o cualquiera otra cosa de peso que acarrean, y la abundancial *la*.

Yaguarquira. — Pueblo del repartimiento de don Pedro de Alvarado. Significa "agua de los yaguales". Se compone de la palabra mexicana *yaualli*, rosca, y *quira*, agua, en uno de los dialectos de Honduras.

Yalumar. — Cerro del departamento de Gracias. La palabra es *Guarumal*, que significa "abundancia de *guarumas*" (*Panax undulata*).

Yamaguara. — Caserío del municipio de San Juan de Flores, en el departamento de Tegucigalpa. Significa "quebrada de los amates". Se compone de *amatl*, amate, en mexicano, y *guara*, quebrada, en el dialecto de Goajiquiro.

Yomalá. — Pueblo antiguo del partido de Tencoa. Se ve que esta palabra es mexicana, y que está formada como nombre geográfico, según las reglas del idioma azteca. La terminación es *lan*, lugar, y el primer componente *yamalli*. Nos atrevemos a proponer en lugar de esta palabra a *chimalli*, que en la Geografía de Velasco aparece en la forma de *chamal*, en un pueblo de Guatemala y en otro de Nicaragua. La *ch*, que tenía un mismo sonido con la *x*, se convirtió en esta, de donde pasó a ser *y*. Entonces nuestro *Yamalá* o *Yamallan* significa "lugar de rodelas".

Yamaranguila. — Pueblo del departamento de Intibucá. En la Nómina de los pueblos de la Provincia de Comayagua está escrito *Zabalanguira*, lo mismo que en otros documentos antiguos. Suponiendo buena esta ortografía, significa "agua de la pirámide". Se compone de *tzaqualli*, en su forma abundancial, pirámide, en mexicano, y *guira*, agua, en uno de los dialectos de Honduras.

Yampa. — Sitio del departamento de La Paz. *Yappa*, sin la *m*, que puede estar de más, era el nombre de un personaje fabuloso que fue convertido en escorpión.

Yaquilimay. — Terreno del departamento de Choluteca, y caserío de Orocuina, en el expresado departamento. Significa lo mismo que *Liquitimaya*. (Véase esta palabra).

Yaralica. — Caserío del pueblo de Vado Ancho, en el departamento de El Paraíso. Lo mismo que *Salalica*, pues la *s* de esta palabra proviene de una *x* que pasó a ser *y* en la que analizamos.

Yarí. — Con este nombre, y con los de Yare, Coco, Wanks y Segovia, es conocido un río que, en una gran parte de su curso, sirve de línea divisoria a las Repúblicas de Honduras y Nicaragua. Significa "río de arena". Se compone de la palabra mexicana *xalli*, arena, y de *li*, agua, en uno de los dialectos de Honduras.

Yaruca. — Aldea del municipio de Agalteca, en el departamento de Yoro. Parece compuesto de las palabras mexicanas *xallo*, cubierto de arena, y *can*, lugar. En cuba hay *Yaruco*.

Yarula. — Pueblo del departamento de La Paz. Etimológicamente, creemos que es lo mismo que *Yolula*. (Véase esta palabra).

Yarusín. — Terreno del departamento de Gracias. ¿Será la planta *jolosin, Heliocarpus arborescens, Sem?*

Yaruzonte. — Terreno del departamento de Copán. Le dicen también *Yarizonte*. Solo conocemos el último componente *tzontli*, pelo. A no ser que su forma sea *xolotzontli*, que en mexicano significa "barba del maíz". La palabra no tiene terminación de nombre de lugar.

Yauyupe. — Pueblo del departamento de El Paraíso. Significa en mexicano "en el agua del maíz negro". Se compone de *yautl*, maíz negro, *atl*, agua, y *pan*, en.

Yeguare. — Valle que está unas siete leguas al oriente de la ciudad de Tegucigalpa. Significa "río del tabaco". Se compone de la palabra mexicana *yetl*, tabaco, y de la lenca *guara*, río, quebrada. Es posible que en las fértiles y hermosas vegas del río que riega este valle hayan cultivado aquella planta los aborígenes.

Yocoma. — Caserío del municipio de Tegucigalpa, en el departamento del mismo nombre. Suponemos que es el nombre de un árbol, tal vez el mismo que en las Antillas se llama *jocuma*.

Yocón. — Pueblo del departamento de Olancho. Es lo mismo que *Jocón*. (Véase esta palabra).

Yocuta. — Cerro del departamento de Gracias. La ortografía parece ser *Ocotlán*, que significa en mexicano "lugar de ocotes". Se compone de *ocotl*, ocote, y *tlan*, lugar.

Yojoa (Santa Cruz de). — Pueblo del departamento de Cortés, y nombre que también tiene la laguna de Taulabé. Significa en mexicano "agua color de cielo". Se compone de *xoxouhqui*, verde, azul color de cielo, y *atl*, agua.

Yoro (Santa Cruz de). — Ciudad cabecera del departamento del mismo nombre, situada en un hermoso y extenso valle y en las márgenes de los arroyos Machigua y Jalegua. Esta palabra no es nombre geográfico, y *yolotl* significa en mexicano "corazón, centro".

Yoyorán. — Pueblo extinguido del departamento de Choluteca. En la Nómina de los pueblos de la Provincia de Comayagua está escrito *Yayorán en la Marigua*; y en algunos títulos antiguos de tierras, *Zayorán*. Significa en mexicano "lugar de moscas". Se compone de la palabra mexicana *zayolli*, mosca, y *lan*, lugar.

Yucaguara. — Arroyo del departamento de Intibucá. Significa "quebrada de las heredades". Se compone de *yucatl*, heredad, en mexicano, y *guara*, agua, quebrada, en lenca.

Yucanteca. — Caserío del municipio de Ojojona, en el departamento de Tegucigalpa. Es el gentilicio de *Yucatlan*.

Yuculateca. — Aldea del municipio de Cedros, en el departamento de Tegucigalpa. Es el gentilicio de *Jocotlan*.

Yulrampuque. — Aldea del municipio de Yamaranguila, en el departamento de Intibucá. Significa "perteneciente al pueblo". Se compone de la palabra lenca *güiran*, pueblo, y de la mexicana *pouhqui*, perteneciente a.

Yulpates. — Terreno del departamento de Copán, y nombre que tenía el pueblo de La Florida, del mismo departamento. La verdadera forma de la palabra es *Yolopatli*, que en mexicano es una planta medicinal que les servía a los indios para curar las enfermedades del corazón. Sus componentes son *yollotl*, corazón, y *patli*, remedio.

Yulula. — Pueblo antiguo del partido de Gracias a Dios. Significa en mexicano "lugar de cosas antiguas". Se compone de *zololli*, cosa antigua, y la abundancial *la*.

Yulure. — Quebrada del departamento de Choluteca. Es una forma de *Duyure*. (véase esta palabra).

Yupiteque. — Terreno del departamento de Olancho. La forma mexicana de esta palabra es *Yopitepec*, que significa "en el cerro consagrado al dios Totec". El señor Peñafiel dice: "Xipe es sinónimo de la radical *yopi*, que viene de *yopehua* (*yopeua*), "despegar algo". *Xipe* se vestía la piel del sacrificado a Totec, y paseaba por las calles representando a la terrible deidad, que se reverenciaba con varios nombres, *Tota, Topiltzin* y *Yoyometl*, el padre, el hijo y el corazón de ambos. Totec, según el padre Durán, significa "señor espantoso y terrible que pone temor".

Yure. — Aldea de Santa Cruz de Yojoa, en el departamento de Cortés. Es lo mismo que Liure. (Véase esta palabra).

Yuscarán. — Ciudad cabecera del departamento de El Paraíso, fundada en 1744. Significa en mexicano "lugar de casas de flores". Se compone de *xochitl*, flor, *calli*, casa, y *lan*, lugar.

Yusguare (Santa Ana de). — Pueblo del departamento de Choluteca. Significa "agua de las flores". Se compone de la palabra mexicana *xochitl*, flor, y de la lenca *guara*, agua, quebrada.

Yuyupe. — Caserío del municipio de Vado Ancho, en el departamento de El Paraíso. Significa en mexicano "en el agua de los yoyotes". Se compone de *yoyotl*, la planta *Jatropha triloba,* Moc. et Sess., *atl*, agua, y *pan*, en.

Yuyusupo. — Véase *Duyusupo*.

Z

Zacapa. — Pueblo del departamento de Santa Bárbara. Significa en mexicano "en el agua de la hierba". Se compone de *çacatl*, hierba, *atl*, agua, y *pan*, en.

Zacualpa. — Véase *Azacualpa*.

Zapusuca. — Cerro situado al norte de la ciudad de Tegucigalpa, y al pie del cual está la población. Significa en mexicano "lugar de tierra de zorros". Se compone de *tlalli*, tierra, *poçotli*, zorro, y *can*, lugar.

Zazalapa. — Aldea del municipio de Guarita, en el departamento de Intibucá. Significa en mexicano "en el agua que corre por un lecho cubierto de arena". Se compone de *xaxallo*, plural de *xallo*, cubierto de arena, *atl*, agua, y *pan*, en.

Zeite. — Pueblo que con este nombre aparece en la Geografía de Velasco. Creemos que la verdadera forma es *centli*, que en mexicano significa "espiga de maíz seco". Hay un zacate espinoso llamado *ceite*.

Zena. — Pueblo antiguo del partido de Gracias a Dios, de los de la Nómina de los pueblos de la Provincia de Comayagua. Parece apócope de *cenantli*, nombre de una planta medicinal, llamada también *cenaman*.

Zinguizapa. — Terreno del departamento de Choluteca. Significa en mexicano "en el agua de las hojas de hierbas". Se compone de *xiuhizuatl*, hoja de hierba, *atl*, agua, y *pan*, en.

Zuncuquire. — Cerro del pueblo de Morolica, en el departamento de Choluteca. Significa "agua agria". Se compone de *xococ*, agrio, en mexicano, e *ire*, agua, en uno de los dialectos de Honduras.

Zurzular. — Caserío del municipio de San Juan de Flores, en el departamento de Tegucigalpa. Es un derivado español de *zurzul*, nombre de una especie de junco.

NOTA DEL AUTOR: Están en el libro mal divididas las palabras mexicanas *pixixilli* y *quilmilli*; pues no siendo las dos eles la *ll* española, deben dividirse: *pixixil-li, quilmil-li*. No obstante el especial cuidado que se puso en la corrección, algunas palabras del principio de la E no están en el lugar correspondiente. Y, por último, la falta de *c* con cedilla y de letras itálicas nos obligó a sustituir aquella con la *z* en muchos casos, y a que algunas palabras vayan indebidamente en letra redonda.

www.ingramcontent.com/pod-product-compliance
Lightning Source LLC
Chambersburg PA
CBHW070702130626
46553CB00005B/1799